अनुक्रम

असम्बद्धता (Disclaimer)

इस पुस्तक में उल्लिखित विचारों का संकलन समाज के विभिन्न वर्गों के लोगों से बातचीत के द्वारा किया गया है। कहीं कहीं प्राचीन प्रचलित कहानियों का प्रयोग भी किया गया है। जिन विशेष व्यक्तियों के अनुभव का इस पुस्तक में वर्णन है उनका उल्लेख यथा स्थान किया गया है। तथ्यों को पुस्तक का रूप देने के लिए कुछ चरित्रों का काल्पनिक सर्जन भी किया गया है। इस प्रकार चरित्रों के नाम, स्थान, घटना, आदि काल्पनिक हैं और उनका किसी जीवित या मृत व्यक्ति, घटना, स्थान, संस्था से कोई सम्बन्ध नहीं है। यदि हो तो वह मात्र एक संयोग होगा।

मत छीनो बचपन

हाई टेक बच्चे, आधुनिक जीवन
और बिगड़ता बचपन

ऐन. के. सोन्धी

जनरल प्रैस

Published by
GENERAL PRESS
4805/24, Fourth Floor, Krishna House
Ansari Road, Daryaganj, New Delhi - 110002
Ph : 011-23282971, 45795759
E-mail : generalpressindia@gmail.com

www.generalpress.in

First Edition : 2018

ISBN : 9789387669895

Purchase our Books and eBooks online from:
Amazon.in | Flipkart.com | Play Store

Published by Azeem Ahmad Khan for General Press

ऐन.के. सोन्धी

ऐन.के. सोन्धी ने पंजाब नैशनल बैंक में प्रबन्धक पद से सेवानिवृत होने के पश्चात् लेखन कार्य आरम्भ किया। उनकी पहली पुस्तक का विषय था बैंक प्रबन्धन। उसके बाद उन्होंने समय अनुसार समाजिक विषयों पर अनेक पुस्तकें अंग्रेज़ी भाषा में लिखीं। भारत-पाकिस्तान विभाजन के दुष्परिणामों पर लिखी "A Cart Full of Husk" का प्रकाशन अमेरिका मैं हुआ था। दिल्ली शहर सबसे पहले महरौली नामक गाँव में बसा था जिसको अब दिल्ली के लोग भूल चुके हैं। इस सम्बन्ध में उन्होंने "Forgotten City of Delhi" शीर्षक किताब लिखी। भारत की एक राजकुमारी सूरी रतना दो हज़ार वर्ष पूर्व सन 0048 में समुद्री मार्ग से कोरिया गई थी जहाँ उसने वहाँ के प्रथम राजा किम सुरों से शादी करके कोरिया की प्रथम महारानी बनी और कोरिया देश की स्थापना की। कोरिया के लोगों ने उस भारतीय राजकुमारी सूरी रतना का एक स्मारक उनके जन्मस्थान अयोध्या में बनाया है जहाँ हर वर्ष हज़ारों कोरिया निवासी उन्हें श्रधांजली देने आते हैं, ऐन.के. सोन्धी ने उस राजकुमारी से सम्बन्धित घटनाओं पर आधारित "A Match Made in Heaven" नामक पुस्तक लिखी।

आजकल के युवकों की जीवन शैली तनाव भरी है। कुछ कर गुज़रने की इच्छा तो है परन्तु उन्हें समझ नहीं आता कि क्या और कैसे करें जिससे उन्हें मन चाही सफलता प्राप्त हो सके। युवकों के मार्गदर्शन हेतु उनकी "Know Your Worth" नामक पुस्तक का प्रकाशन "General Press" ने किया है। आजकल उग्रवादी युवकों को बहला फुसला कर उन्हें नरसंहार करने के लिए प्रेरित कर रहे हैं। उग्रवादी युवकों को धन, सम्पत्ति और ऐय्याशी का लोभ देकर अपने जाल में फंसा लेते हैं। युवकों को उग्रवादियों के जाल में फसने से रोकने के लिए सोन्धी ने "Honey Trap" नामक पुस्तक का प्रकाशन भी किया है।

सोन्धी की प्रचलित पुस्तक Know Your Worth का हिंदी अनुवाद का प्रकाशन "अपनी क्षमता को पहचानो" नामक पुस्तक में हुआ है।

आजकल की भाग दौड़ के जीवन में बच्चों का बचपन खो रहा है, बिगड़ रहा है और असुरक्षित होता जा रहा है। बचपन अच्छे संस्कारों और मानवीय मूल्यों से दूर होता जा रहा है। समय रहते यदि उचित कदम नहीं उठाए गए तो आने वाली पीढ़ियाँ अपना सम्पूर्ण बचपन खो देंगी। इस स्थिति को ध्यान में रखते हुए "मत छीनों बचपन" नामक पुस्तक का प्रकाशन General Press द्वारा किया जा रहा है। आशा है अभिभावक-गण इसे अवश्य पसंद करेंगे।

1

पुस्तक का उद्देश्य

मिस्टर राजन एक कम्पनी में काम करते हैं। उस दिन वह बहुत गुस्से में थे। घर आते ही पत्नी पर चिल्लाए अरे सुनती हो तुम्हारा लाडला राकेश इस साल भी परीक्षा में फेल हो गया है। मैंने आठ लाख रूपये का लोन लिया था उसका एडमिशन बी.टेक में करवाने के लिए पर वह तो मन लगा कर पढ़ता ही नहीं और हर साल फेल हो जाता है।

और करो अपनी मनमानी। जब वह विज्ञान विषय पढ़ना ही नहीं चाहता तो उसकी इच्छा के विरूद्ध क्यों ज़बरदस्ती बी.टेक में एडमिशन दिलवाया? अब भुगतो बैठ कर। जनाब खुद बनना चाहते थे इंजीनियर, खुद नहीं बन पाए तो अब ज़बरदस्ती अपने बेटे को बनाना चाहते हैं। पत्नी ने भी गुस्से में अपने पति को जवाब दिया।

एक कहावत है—'बोया पेड़ बबूल का आम कहाँ से खाए।' यह कहावत अक्षरशः आज के माँ-बाप पर लागू होती है। बच्चों की चाहत, शौक, इच्छा, गुण, अवगुण, उनकी शारीरिक और मानसिक शक्ति की परवाह किए बिना उन पर ज़बरदस्ती अपनी इच्छा को लाद दिया जाता है जिसे बच्चे बेमन से पूरा करने में जुट जाते हैं और अपना बचपन खो देते हैं।

आज के समाजिक वातावरण में नैतिक मूल्यों को महत्व न दे कर भौतिक मूल्यों को अधिक महत्व दिया जाता है जिसके कारण बच्चे एक अच्छा इंसान बनने का प्रयास नहीं करते बल्कि वे यह सीखते हैं कि कैसे धनवान व सत्तावान बना जाए ताकि समाज में एक स्टेटस बन सके। इस प्रवृती के कारण हर बच्चा परीक्षा में अधिक से अधिक अंक प्राप्त करने का प्रयास करता है ताकि वह डाक्टर, इंजीनियर अथवा अन्य उच्च कोटि का प्रशिक्षण प्राप्त कर सके। यही उनके जीवन का लक्ष्य बन गया है जिसके लिए बच्चे महीनों और कई बार सालों तक अथक परिश्रम करते हैं। उनके कंधों पर एक तरफ तो माता-पिता, अध्यापकों से लेकर समाज तक की उम्मीदों का बोझ बढ़ रहा है और दूसरी तरफ बच्चों का मानसिक तनाव बढ़ रहा है। इस बोझ को न झेल पाने के कारण कई बच्चे तो आत्महत्या तक कर लेते हैं।

आश्चर्य इस बात का है कि आजकल माता पिता भी यही चाहते हैं और बच्चों को यही कुछ सिखाते हैं। वे चाहते हैं कि अच्छा पढ़-लिख कर उनके बच्चे उच्च पद प्राप्त करें, सफल व्यापारी बनें और अधिक से अधिक धन कमाएं। इससे बच्चों में एक अच्छा इन्सान बनने की भावना पैदा ही नहीं होती बल्कि एक भौतिकवादी प्रवृती पनपती है और बच्चे अच्छे बुरे का भेद न करके साम, दाम, दण्ड, भेद से अपना काम निकालना सीख जाते हैं। माँ-बाप की ऐसी सोच के पीछे उनका अपना स्वार्थ भी छिपा होता है। वे चाहते हैं कि बच्चे उनके बुढापे का सहारा बनें। वो भूल जाते हैं कि भौतिकवादी प्रवृती वाले बच्चे बुढ़ापे का सहारा न बनकर माता पिता को वृद्धाआश्रम में भेजने में अधिक सुविधा समझते हैं। ऐसे असंख्य उधारण हमारे सामने है जहाँ डाक्टर, इंजीनियर और ऊँचे पदों पर आसीन बच्चों ने अपने माँ-बाप को वृद्धाआश्रम भेज रखा है।

सन्त कबीर ने कहा था,

"पोथी पढ़ पढ़ जग मुया पंडित भया न कोय, ढाई आखर प्रेम के पढ़े सो पंडित होय।"

यहाँ न तो प्रेम का अर्थ युवा युवती के प्यार से है न ही पंडित का अर्थ मन्दिर के पुजारी से है। यहाँ प्रेम का भावार्थ है विवेक, भावना, और सदभाव और पंडित का अर्थ है मानवीय गुण वाला व्यक्ति।

आज आवश्यकता इस बात की है कि बच्चों को सही प्रेरणा, सही मार्गदर्शन और सही परामर्श के साथ साथ स्वस्थ पारिवारिक तथा सामाजिक वातावरण मिले। ऐसी स्थिति में माता पिता की ज़िम्मेदारी और भी बढ़ जाती है। बच्चों को स्कूली ज्ञान के अतिरिक्त आत्म-संयम, सेवा-भावना, कर्तव्य-बोध, श्रम, त्याग, सदभावना, समर्पण

आदि गुणों से भी परिचित करवाना चाहिए और इन गुणों को सीखने की सबसे उत्तम पाठशाला होती है परिवार। स्कूली शिक्षा के कुछ पाठ तो व्यक्ति भूल भी सकता है लेकिन बचपन में माँ-बाप से मिली सीख जीवनपर्यन्त नहीं भूलता। अतः यह आवश्यक है कि अभिभावक बच्चों को जन्म से ही स्कूली शिक्षा के साथ साथ एक चरित्रवान और संस्कारी व्यक्ति बनने में सहयोग करें। केवल मात्र ऊँची शिक्षा प्राप्त कर लेने से कोई अच्छा इन्सान नहीं बन सकता। अगर किसी उच्च शिक्षा प्राप्त व्यक्ति में इंसानियत के गुण नहीं हैं तो वह समाज और देश की क्या अपने माता पिता की सेवा भी नहीं करेगा।

मेरा बच्चा शरारती है, जिद्दी है, लड़ता झगड़ता है, कहना नहीं मानता, पढ़ता तो बिल्कुल नहीं और उपर से जवाब भी देता है। अक्सर आजकल माँ-बाप बच्चों के बारे में ऐसी ही शिकायतें करते हैं, परन्तु वे ऐसा क्यों करते हैं इस बारे में अभिभावक सोचना जरूरी नहीं समझते। केवल डांट फटकार करके अपने कर्तव्य की इतीश्री कर लेते हैं। वे यह जानने की कोशिश ही नहीं करते कि उनका बच्चा ऐसा व्यवहार कर क्यों रहा है? ऐसा नहीं है कि बच्चा अचानक ही ऐसा करना सीख लेता है, यह एक प्रक्रिया है जो धीरे धीरे आस पास के माहोल के आधार पर पनपती है। बच्चा जो कुछ आस पास होता हुआ देखता है, सुनता है या महसूस करता है उसका प्रभाव उसके जीवन पर पड़ता है।

इस पुस्तक में कुछ छोटी छोटी ऐसी बातों का उल्लेख है जो हमारे जीवन का सामान्य अंग है। इन बातों पर अमल करने के लिए विशेष प्रयत्न करने की आवश्यकता भी नहीं। केवल सतर्कता और अभ्यास से इन बातों पर अमल करके बच्चों को बहुत सी अच्छी आदतों से अवगत कराया जा सकता है और बुरी बातों से दूर रखा जा सकता है। बच्चे पढ़-लिख कर गुणवान बनें यही इस पुस्तक का उद्देश्य है।

बच्चों के जीवन पर कई बातों का प्रभाव पड़ता है जिनमें मुख्य रूप से निम्न प्रकरणों का अधिक प्रभाव होता है :–

1. पारिवारिक वातावरण।
2. स्कूल का वातावरण।
3. दोस्तों का प्रभाव।
4. आधुनिक जीवन शैली का प्रभाव।
5. टेक्नोलॉजी।
6. विडियो गेम्स आदि।

इस पुस्तक में उपर्युक्त विषयों के साथ साथ अन्य ऐसे विषयों पर चर्चा की गई है जो बच्चों के सम्पूर्ण विकास के लिए आवश्यक हैं, माँ-बाप का क्या दायित्व है और बच्चों को बुराई से कैसे बचाया जाए। आजकल की भाग-दौड़ में बच्चे अपना बचपन खो रहे हैं। उनका बचपन छीनने में कहीं न कहीं माँ-बाप भी उतरदायी हैं। देखना होगा कि बच्चों से उनका बचपन न छीना जाए और उनके व्यक्तित्व का सम्पूर्ण विकास हो। पुस्तक में उन विषयों पर चर्चा की गई है जिनका प्रभाव आधुनिक जीवन शैली में न केवल बच्चों को प्रभावित करता है बल्कि माँ-बाप भी भ्रमित हो रहे हैं।

2

पारिवारिक वातावरण

परिवार पहली पाठशाला

विश्वभर में परिवार ही एकमात्र ऐसा स्थान है जो बच्चे के व्यक्तित्व निर्माण की पहली पाठशाला होता है। जीवन के मूल पाठ हर बच्चा अपने घर से सीखता है। घर से सीख कर बच्चा समाज में जाता है और वहाँ वही व्यवहार करता है जो वह अपने घर में सीखता है। अतः यह आवश्यक है कि बच्चे को घर में ऐसा वातावरण मिले जिसमें वह जीवन उपयोगी महत्वपूर्ण संस्कार प्राप्त कर सके। जिस घर का वातावरण सभ्य, शान्त, मधुर और सौम्य है, जहाँ घर के सदस्य एक दूसरे का सम्मान करते हैं, प्रेम पूर्वक मिल-जुल कर रहते हैं, एक दूसरे के सुख दुःख में साथ देते हैं वहाँ बच्चों के सर्वांगीण विकास में बड़ा सहयोग मिलता है। ऐसे परिवार में बच्चों को पर्याप्त स्नेह मिलता है, सुरक्षा मिलती है फलस्वरूप बच्चों का चतुर्मुखी विकास होता है। बच्चे निर्भय होकर सुरक्षित प्यार भरे माहोल में रहते हुए सफलता की सीढ़ियाँ चढ़ते रहते हैं।

अगर घर में हर रोज़ अशान्ति का वातावरण रहता हो, जहाँ आपसी तनातनी, मनमुटाव, बैर भावना, और स्वार्थवश नित्य झगड़े होते रहते हों उस वातावरण में न तो बच्चों को सुरक्षा मिलती है और न प्यार मिलता है, ना ही कोई प्रोत्साहन मिलता है।

उल्टे बच्चों को विपरीत परस्थितियों में रहते हुए कठोर व्यवहार का सामना करना पड़ता है। ऐसे माहोल में रहने के कारण बच्चों का मानसिक विकास रुक जाता है, उनकी बौद्धिक क्षमता पर विपरीत प्रभाव पड़ता है और उनका सम्पूर्ण व्यक्तित्व कुण्ठित हो जाता है।

आजकल संयुक्त परिवार की प्रथा तो लगभग समाप्त हो चुकी है और अधिकांश परिवार एकल परिवार बनते जा रहे हैं। परिवार के दोनों रूपों में अपने अपने लाभ तथा हानियाँ हो सकती हैं। संयुक्त परिवार का एक लाभ तो यह है कि अगर माँ-बाप बच्चों का ध्यान किसी कारण से नहीं रख पा रहे तो दादा दादी, या परिवार के अन्य सदस्य इस ज़िम्मेदारी को उठा लेते हैं। यदि परिवार एकल हो और माता पिता दोनों ही सर्विस करते हों और दिन के अधिकांश समय घर से बाहर रहते हों तो समस्या कठिन हो जाती है। ऐसी स्थिति में बच्चों की देख भाल का ज़िम्मा घर के नौकरों पर आ जाता है। ऐसी स्थिति में यदि अभिभावक जागरूक नहीं हैं तो कठिन समस्या भी उत्पन हो सकती है। बच्चों को स्कूल में भेज कर माँ-बाप निश्चिन्त हो जाते हैं लेकिन वे भूल जाते हैं कि स्कूल की एक कक्षा में अनेक बच्चे होते हैं। एक अध्यापक के लिए उन सबका ध्यान रखना कठिन हो जाता है। इसलिए बच्चों के उचित विकास के लिए सबसे अच्छा वातावरण परिवार में ही मिल सकता है। बच्चों का मानसिक और शारीरिक विकास घर के माहोल के अनुसार होता है। जो कुछ बच्चा घर में देखता है वह वैसा ही व्यवहार करने लगता है।

» यदि घर से बच्चे को प्रोत्साहन मिलता है तो बच्चे का आत्म-विश्वास बढ़ता है।

» घर वाले दूसरों की आलोचना करते हैं तो बच्चा निंदा करना सीख जाता है।

» सहनशीलता से बच्चा मित्रता करना सीखता है।

» प्रशंसा के माहोल से ख़ुशी मिलती है और स्वास्थ ठीक रहता है।

» लड़ाई-झगड़े के माहोल से बच्चे में डर, संकोच, घृणा और वैमनस्य के भाव पैदा होते हैं। वह झगड़ालू भी बन सकता है।

» शांति के वातावरण में बच्चे सोम्य, धैर्यवान और संतोषी बनते हैं।

» न्यायप्रिय परिवार से बच्चा इन्साफ सीखता है।

» गुस्से का वातावरण बच्चों को कुण्ठित कर देता है।

» सुरक्षा के वातावरण से बच्चों में विश्वास और भरोसा पैदा होता है।

» हिंसक वातावरण बच्चों को भी हिंसक बना देता है।

» प्यार भरा वातावरण चारों ओर प्यार फैलाता है और बच्चे भी प्यार करना और प्यार पाना सीख लेते हैं।

माना कि जीवन शैली बदल रही है। ज़माना प्रगतिशील बन गया है जहाँ हर व्यक्ति प्रगति की दौड़ में शामिल है। हर व्यक्ति अधिक से अधिक धनी और शक्तिशाली बनना चाहता है। नैतिकता को छोड़कर भौतिकता को अपनाया जा रहा है। जीवन के हर क्षेत्र में आधुनिकता का प्रभाव बढ़ता जा रहा है और जीवन का मूल उद्देश्य साम दाम दण्ड भेद से अधिक से अधिक धन कमाना हो गया है। ऐसी भौतिकवादी विचारधारा में संस्कारों और मानव मूल्यों की बात करना बेमानी लगता है फिर भी हर माँ-बाप को अपने बच्चों को अच्छे संस्कार देने का प्रयास करना चाहिए। घर के वातावरण की छोटी छोटी बातों का बच्चों पर अच्छा और बुरा दोनों प्रकार का प्रभाव पड़ता है। अतः अभिभावक होने के नाते यह जानना बहुत आवश्यक है कि घर का वातावरण निर्भर किन बातों पर करता है। परिवार के माहोल से सम्बन्धित निम्न बातें बच्चों के विकास को प्रभावित कर सकती हैं :–

अभिभावकों का आचरण

बच्चे प्राय: बड़ों की नक़ल करते हैं। बच्चे अपने माता पिता की हर छोटी बड़ी बात का अनुसरण करते हैं। माता पिता बोलते क्या हैं, करते क्या हैं, बात चीत कैसे करते हैं, खाते क्या हैं पीते क्या हैं, मित्रों से कैसे मिलते हैं, बड़ो से कैसे व्यवहार करते हैं। अभिभावकों का रहन-सहन, बात चीत, खान-पान उनकी हर चीज़ का बच्चे अनुसरण करते हैं। बच्चा सबसे पहले घर के वातावरण से प्रभावित होता है। घर ही उसकी पहली पाठशाला और अभिभावक पहले शिक्षक होते हैं। उनके जीवन का बच्चों पर गहरा प्रभाव होता है। यदि माता पिता चाहते हैं कि उनका बच्चा एक श्रेष्ठ संस्कारी व्यक्ति बने तो सबसे पहले माता पिता को अपना आचरण श्रेष्ठ बनाना होगा। बच्चे तो कुम्भार की मिट्टी के समान होते हैं जैसा चाहेंगे वैसा बन जायंगे। माता पिता को जैसा करते हुए बच्चे देखते हैं वे वैसा करने लगते हैं। इसलिए यह बहुत आवश्यक है कि माता पिता बच्चों के सामने अच्छे उदाहरण प्रस्तुत करें। बच्चों की पढ़ाई लिखाई बहुत आवश्यक होती है परन्तु उससे अधिक आवश्यक होता है मानवता के गुण, नैतिकता का पाठ और उच्च चरित्र का निर्माण। बच्चों को अच्छे संस्कार आरम्भ में अभिभावकों से ही प्राप्त होते हैं। बच्चे अभिभावकों का अनुसरण करते करते अच्छे और बुरे संस्कार अनजाने में

ही सीख जाते हैं। कुछ बड़ा करने की जरूरत नहीं बच्चे तो अभिभावकों की बस छोटी छोटी बातों से ही बहुत कुछ सीख जाते हैं उदाहरण के लिए नीचे कुछ प्रंसग पढ़िये :–

1. झूठ बोलना

कुछ समय पहले पिता ने अपने एक मित्र से कुछ धन उधार लिया था और उधार जल्दी लोटाने का वचन भी दिया था। परन्तु कठिनाईवश वह उधार का धन समय से नहीं लौटा पाया। अब उसका मित्र हर रोज़ उसे फोन करके अपने पैसे वापिस मांगता रहता है। इसी संदर्भ में एक दिन पिता के फोन की घंटी तब बजती है जब वह अपने पांच वर्षीय बेटे के साथ बैठा होता है। उसके पास लौटाने के लिए पैसे नहीं हैं अतः वह फोन नहीं सुनना चाहता। पिता अपने बेटे को कहता है कि वह फोन पर बात करे और फोन करने वाले को कह दे कि उसके पिता घर पर नहीं हैं। बेटा पिता की बात मान लेता है और पिता की बात मान कर फोन पर झूठ बोल देता है कि उसके पिता घर पर नहीं हैं।

पिता ने अपनी मुसीबत को टालने के लिए अपने पांच वर्षीय बेटे को झूठ बोलने की शिक्षा दे दी। अब बेटा झूठ बोलना सीख जाता है। जो काम उसके पिता कर रहे हैं वह काम ग़लत कैसे हो सकता है? अनजाने में पिता ने अपने बेटे को एक ऐसा दुर्गुण सिखा दिया जो बाद में उसका बेटा उसके विरुद्ध भी प्रयोग कर सकता है। कभी माता भी बच्चों के सामने झूठ बोल देती हैं बच्चों की गलतियाँ अपने पति से छुपाने के लिए माँ अक्सर झूठ बोलती है जिसका पूरा ज्ञान बच्चे को होता है। इस प्रकार माँ-बाप बच्चे को झूठ बोलना अनजाने में ही सिखा देते हैं।

सन्त कबीर ने कहा था, "सांच बराबर तप नहीं, झूठ बराबर पाप" अगर माँ-बाप ही बच्चों को झूठ बोलना सिखा दें तो आपको अंदाज़ा भी नहीं होगा कि आगे जाकर उनकी यह लापरवाही कितनी बड़ी मुसीबत बन सकती है। जैसे जैसे बच्चा बड़ा होगा झूठ बोलने की उसकी आदत उसके स्वभाव का हिस्सा बन जाएगी। फिर वह हर बात में झूठ बोलना शुरू कर देगा।

झूठ बोलना बच्चों ने कहाँ से सीखा? अपने आस पास के माहोल से। जब उसके पिता खुद झूठ बोल रहे थे तो अपने बच्चे को झूठ बोलना सिखा रहे थे। कहते हैं "बच्चे मन के सच्चे" अर्थात बच्चों में यह दुर्गुण नहीं होता वह इस दुर्गुण को अपने बड़ो से या आस पास रहने वाले लोगों से सीखते हैं।

हर झूठ एक ऐसी बात होती है जो सच नहीं होती। झूठ तभी बोला जाता है जब किसी को धोखा देना हो या फिर अपनी किसी गलती को छुपाना हो। झूठ का शाब्दिक

अर्थ है, "एक ऐसा दावा जो सच नहीं होता और ऐसा दावा करने वाला इन्सान अच्छी तरह जानता है कि वह जो कुछ कह रहा है वह सत्य नहीं है फिर भी वह झूठ को सत्य के रूप में प्रस्तुत करता है यानि वह जानबूझ कर दूसरों की आँखों में धूल झोंकने का काम करता है।

चरवाहे के बेटे की कहानी तो सब ने सुनी होगी शेर आया शेर आया। चरवाहे के लडके ने गाँव वालों को परेशान करने के बारे में सोचा और वह चिल्लाया बचाओ बचाओ शेर आया शेर आया। गाँव वाले अपना अपना काम-धाम छोड़कर चरवाहे के लड़के को बचाने के लिए जंगल पहुँच गए। वहाँ पहुँच कर उन्होंने देखा वहाँ कोई शेर वेर नहीं था लड़का तो उनका मज़ाक उड़ा कर ज़ोर-ज़ोर से हँस रहा था। अगले दिन फिर उसे मस्ती सूझी और वह चिल्लाने लगा शेर आया शेर आया। गाँव वाले फिर भागे भागे उसे बचाने जा पहुँचे लेकिन वहाँ कोई शेर नहीं था। चरवाहे का लड़का ज़ोर-ज़ोर से हँस रहा था। एक दिन भेड़ों को देखकर वहाँ सचमुच शेर आ गया। लडके को जान के लाले पढ़ गए और वह ज़ोर-ज़ोर से गाँव वालों को मदद के लिए चिल्लाने लगा। गाँव वालों ने उसकी आवाज़ तो सुनी पर उस पर यक़ीन नहीं किया। उसकी मदद करने कोई गाँव वाला नहीं गया। उन्होंने सोचा कि लड़का फिर उन्हें बेवकूफ बना रहा है। फलस्वरूप शेर बच्चे को भी खा गया और उसकी भेड़ों को भी खा गया। कहते हैं काठ की हांड़ी एक ही बार आंच पर चढ़ती है। इसी प्रकार झूठ भी बार बार काम नहीं आता और झूठ बोलने वाले व्यक्ति को एक ना एक दिन इसका बुरा परिणाम भुगतना पड़ता है।

इसके विपरीत सच का सदैव बोल बाला रहता है। सच्चाई कभी नहीं मिटती। जब लोग सच बोलते हैं तो वह सच्चाई के मार्ग पर चलते भी हैं। सच बोलने वाले व्यक्ति के आपसी रिश्ते मजबूत रहते हैं, मन को शांति मिलती है, संतोष प्राप्त होता है। सच बोलने से व्यक्ति का विवेक शुद्ध होता है, अपना नाम कमा पाता है, अपने मित्रों, पड़ोसियों और परिवार के लोगों के साथ मज़बूत रिश्ते बना पाता है। यहाँ तक कि अपने कार्यालय में उनका बहुत सम्मान होता है।

अभिभावकों को बच्चों के सामने कभी झूठ नहीं बोलना चाहिए क्योंकि झूठ के पांव नहीं होते झूठ बोलकर बच्चों को या दूसरों को कुछ दिन तक धोखा दे सकते हैं। जब झूठ पकड़ा जाता है तो समाज में बहुत बदनामी होती है, झूठ बोलने वाले बच्चों को तो स्कूल में छात्र और समाज में दोस्त उनका बहिष्कार करने लगते हैं। एक झूठ को छुपाने के लिए दस और झूठ बोलने पड़ते हैं। इस श्रंखला का कोई अंत नहीं होता। झूठा व्यक्ति कभी सच भी बोले तो लोग उसका विश्वास नहीं करते। बच्चों के सामने न तो झूठ बोलना चाहिए न ही उन्हें झूठ सिखाना चाहिए।

मीठे बोल : सच बोलना तो ठीक है अगर ज़ुबान मीठी है तो सत्य का महत्व और भी बढ़ जाता है। सत्य को सुन्दर और मीठे शब्दों में कहा जाए तो उसका प्रभाव अधिक होता है। वैसे भी सन्त कह गए हैं कि वाणी ऐसी बोलिए मन का आपा खोए ओरन को शीतल कर आपहु शीतल होए। झूठ बोलने, कटु बोलने, असंगत बात करने, निंदा करने से व्यक्ति पग-पग पर संकट में पड़ जाता है। यदि ये अवगुण बचपन में ही बच्चा सीखता है तो उसे जीवन पर्यन्त कष्टों का सामना करना पड़ता है। मीठे शब्दों से मित्र बनते हैं और कड़वे शब्दों से शत्रु बनते हैं। माँ-बाप जब बच्चों के सामने अच्छा बोलेंगे तो बच्चे भी अच्छी भाषा सीखेंगे।

2. अभिभावकों की भाषा

भाषा अथवा वाणी के बारे में प्राचीन कवि भर्तृहरी ने संस्कृत में एक बहुत सुंदर श्लोक लिखा है :-

केयूरा न विभूषयन्ति पुरुषं हारा न चन्द्रोज्ज्वलाः
न स्नानं न विलोपनं न कुसुमं नालङ्कृता मूर्धजाः।
वाण्येका समलङ्करोति पुरुषं या संस्कृता धार्यते
क्षीयन्ते खलु भूषणानि सततं वाग्भूषणं भूषणम्॥

उक्त शोल्क का अर्थ है, "मनुष्य की शोभा बाजूबंद पहनने से नहीं होती। न ही मनुष्य की शोभा गले में चांदी जैसे उज्ज्वल हार पहनने से होती है। मनुष्य की शोभा न तो तो स्नान करने से, न चन्दन लगाने से, न ही फूलों के प्रयोग से और न ही अपने केश (बाल) संवारने से होती है। मनुष्य की सुन्दरता अच्छी सुसंकृत भाषा बोलने से होती है। आभूषण तो एक दिन नष्ट हो जाते हैं परन्तु मधुर, सुंदर और अच्छी भाषा का प्रभाव सदैव बना रहता है।"

अक्सर देखा गया है कि घर के बड़े बुजुर्ग बच्चों के सामने नौकरों के साथ बदतमीज़ी से बात करते हैं। कभी कभी पुरुष लोग घर की महिलाओं के साथ भी अपमानजनक शब्दों का प्रयोग करते हैं। जब ऐसी भाषा का प्रयोग बच्चों के सामने किया जाता है तो बच्चे उसी प्रकार की भाषा सीख जाते हैं। मिस्टर राजन जब तक एक वाक्य में दो तीन गालियों का प्रयोग न कर लें तो उनकी बात पूरी नहीं होती। बात बात में माँ बहन की गाली देना उनकी आदत है। एक दिन मिस्टर राजन ने अपने बोस को अपने घर रात्रि भोज के लिए आमंत्रित किया। मिस्टर राजन का बोस निर्धारित दिन

ठीक समय पर राजन के घर अपनी पत्नी सहित पहुँच गया। उस समय राजन का बेटा आशु भी घर में था। बोस की आव भगत के बाद राजन ने अपने नौकर शामू को पानी लाने के लिए कहा। शामू जल्दी जल्दी पानी ट्रे में रख कर ला रहा था कि उसका पैर फिसला और पानी गिर गया। राजन के बेटे आशु ने तुरन्त अपने बाप की नक़ल करते हुए कहा, "अबे ओ गधे के बच्चे अन्धा है क्या? दिखता नहीं घर में बाप का भी बाप आया है। साले कुछ तो ध्यान रख।"

राजन के बोस ने छोटे बच्चे को इस प्रकार की भाषा का प्रयोग करते देखा तो वह हैरान रह गया। उत्सुकतावश उसने राजन की तरफ देखा। राजन का गुस्सा सातवे आसमान पर था। उसने आव देखा न ताव झट से अपने बेटे के कान पर दो थप्पड़ जड़ दिए और कहा उल्लु के पठ्ठे क्या जरूरत थी गाली देने की।

राजन का बोस सारी बात को समझ गया। जब राजन उसके सामने अपने बेटे को गाली दे रहा है तो बेटे का तो कोई कसूर नहीं है। जो बाप करेगा वही बेटा सीखेगा। आम बोल चाल में गाली का प्रयोग किसी भी सभ्य समाज के लिए कलंक की तरह होता है। अगर बच्चे घर से गाली देना सीख लेंगे तो उनका प्रयोग समाज के अन्य सदस्यों के साथ भी करेंगे और अंत में समाज में न केवल बच्चे बल्कि माँ-बाप की भी बदनामी होगी। आजकल आम साधारण आदमी ही नहीं बल्कि देश के दिग्गज नेता भी गाली देने से बाज़ नहीं आते। हर दूसरे दिन कोई न कोई नेता अपनी ग़लत भाषा के लिए माफ़ी मांगता रहता है। बच्चे ये सब घर में ही सीखते हैं। आजकल सिनेमा और टीवी पर भी गंदी-गंदी गालियों का खुलकर प्रयोग होता है। इसलिए यह और भी अधिक आवश्यक है कि अभिभावक अपनी भाषा का प्रयोग बच्चों के सामने बहुत सोच समझ कर करें और खुद भी केवल उचित और अच्छी भाषा का प्रयोग करें। बोस ने उस दिन निर्णय लिया कि वह अपने बच्चों को कभी राजन के बच्चों से दोस्ती नहीं करने देगा। इस प्रकार राजन का बेटा संस्कारी बच्चों की दोस्ती से वंचित रह गया। अपशब्द सुनना और बोलना दोनों ही खराब हैं। किन्तु आजकल गाली गलोच करना स्टेट्स सिम्बल बन गया है। लोग बात बात पर गाली देने लगते हैं। अचम्भे की बात यह है कि अच्छे पढ़े लिखे लोग भी बिना अपशब्द बोले एक वाक्य का उच्चारण नहीं कर पाते। अभिभावकों द्वारा अपशब्दों का प्रयोग अनजाने में भी हो सकता है, लेकिन उनका दुष्प्रभाव तो बच्चों पर ही पड़ता है।

उधारण के लिए अभिभावक:

1. दैनिक जीवन में अपशब्दों का प्रयोग तब करते हैं जब गुस्से में हों। गुस्से में व्यक्ति अनचाहे ही आपतिजनक अश्लील भाषा का प्रयोग करने लगता है। उसे यह ज्ञात ही नहीं होता कि उसका छोटा बच्चा उसकी सब बातें सुन रहा है। यदि यह प्रक्रिया बार बार की जाती है तो बच्चा भी अपशब्दों का प्रयोग करने लगता है। बच्चे माता पिता की बातों को सुनते समय अपनी आँखें और कान खुले रखते हैं। हो सकता है बच्चे माता पिता के अपशब्दों का अर्थ भी न समझते हों पर उन शब्दों को वो याद कर लेते हैं। और फिर उनका प्रयोग भी करते हैं।
2. किसी पर मन का गुबार निकालते समय अधिकांश लोग भाषा की मर्यादा को भूल जाते हैं और अश्लील शब्दों का प्रयोग करने लगते हैं। यदि अभिभावक अश्लील भाषा का प्रयोग बच्चों के सामने करते रहते हैं तो अवश्य ही उनके बच्चे भी वही सब सीख जाते हैं।
3. कभी कभी बच्चों पर गुस्सा करते समय माँ-बाप सीधा बच्चे को ही गालियाँ देने लगते हैं। इसका बच्चों के मन पर बहुत गहरा प्रभाव होता है। बच्चों के मन में विद्रोह की भावना भी पनप सकती है वह ऐसी ही भाषा की नक़ल भी करने लगता है।
4. यदि अभिभावक चाहते हैं कि उनके बच्चे अश्लील और भद्दी भाषा न सीखें तो उन्हें स्वयं अच्छी भाषा बोलने का उधारण प्रस्तुत करना होगा भले ही अपना गुस्सा क्यों न पीना पड़े।

बच्चों द्वारा अच्छे संस्कार सीखना एक प्रक्रिया है जिसका प्रभाव धीरे धीरे व्यवहारिक जीवन से प्राप्त होता है। बच्चे गंदी बातें जल्दी सीख लेते हैं। अतः यह आवश्यक है कि माता पिता का आचरण यथासंभव उचित और अच्छा रहे।

सन्त कबीर ने कहा था :– "वाणी ऐसी बोलिए मन का आपा खोए, ओरन को शीतल करे आपहु शीतल होए." इसका अर्थ है मनुष्य को सदैव अच्छे, प्यारे और मीठे शब्दों का प्रयोग करना चाहिए। इससे सुनने वाले को भी अच्छा लगेगा और हमें भी प्रसन्नता होगी। अच्छे शब्दों का अच्छा प्रभाव पड़ता है और कड़वे शब्दों का न केवल नाकारात्मक प्रभाव पड़ता है बल्कि कड़वे शब्द दुश्मनी का कारण भी बन सकते हैं। महाभारत के युद्ध का कारण सबको ज्ञात है। यह द्रोपती के कड़वे शब्दों का बुरा प्रभाव था।

बुज़ुर्ग कह गए हैं पहले तोलो फिर बोलो। अर्थात बोलने से पहले शब्दों के उचित और अनुचित प्रयोग पर विचार कर लेना चाहिए। सन्त रहमान ने कहा था "रहिमन कड़वे मुखन को चाहिए यही सज़ा, खीरा सिर से काटिए मलिए नमक लगाए।" सीधा अर्थ है कड़वे शब्दों से केवल नुक़सान ही होता है। भला नहीं होता।

अभिभावकों को इस ओर विशेष ध्यान देना चाहिए। जैसी भाषा और शब्दों का प्रयोग वह करेंगे उनके बच्चे भी वैसी ही भाषा और शब्दों का अनुकरण करेंगे।

3. अभिभावकों का सामाजिक व्यवहार

एक छोटे बच्चे के पास लिखने के लिए कोई पैन नहीं था। उसने अपने पिता जी को एक पैन ला कर देने के लिए कहा। पिता जी ने हाँ तो भर दी परन्तु दो दिन तक वह पैन नहीं लाए। जब बच्चे ने बहुत ज़िद की तो पिता जी ने एक दिन उसे बहुत अच्छा पैन ला कर दे दिया। बच्चा बहुत खुश हो गया। इतना अच्छा पैन उसके किसी दोस्त के पास नहीं था। वह अपना नया पैन ख़ुशी खुशी सबको दिखाता था। पड़ोस में रहने वाले अंकल जैन बच्चे के पापा के साथ उन्हीं के कार्यालय में काम करते थे। जब उन्होंने पैन देखा तो पूछा यह पैन कहाँ से मिला? यह पैन तो हमारे कार्यालय में कर्मचारियों को दिया जाता है इसकी बिक्री नहीं हो सकती। फिर आपके पापा ने यह पैन आपको कैसे दे दिया। पापा वह पैन अपने कार्यालय से चुरा कर लाए थे। बाद में एक दिन बच्चे ने भी स्कूल से एक पेन्सिल चुरा ली। सच्चाई जानने के बाद भी पिता जी ने कुछ नहीं कहा। इसके बाद बच्चे की हिम्मत बढ़ गई कभी वह कोई वस्तु एक स्थान से चुराता और दूसरी वस्तु दूसरे स्थान से चुराने लगा। पिता जी ने अपने व्यवहार से बच्चे को चोरी करना सिखा दिया।

इसी प्रकार पिता जब अपने स्वार्थ के लिए दूसरों का अहित कर देता है तो बच्चा स्वार्थी बनना सीख जाता है। पिता जब दूसरों से द्वेष रखता है तो बच्चे में द्वेष के भाव पैदा हो जाते हैं, बात बात पर कलह करने से बच्चा भी कलह करने लगता है। माता पिता को दूसरों के प्रति सहयोग, सहानुभूति, मित्रता के भाव प्रदर्शित करता देख हर बच्चे में इन गुणों का विकास होने लगता है। जो मानव औरों के प्रति सहयोग, छोटों के प्रति सहानुभूति, मित्रों के प्रति स्नेह और समाज में मेलमिलाप का व्यवहार करते हैं उनके बच्चों में अच्छे संस्कारों का विकास होता है।

समाज के लोगों के साथ अच्छे व्यवहार की बात छोड़ो। आज कल के ज़माने में तो लोग घर के बड़े बूढों के साथ भी अच्छा व्यवहार नहीं करते।

मिस्टर जैक को माँ-बाप ने पड़े प्यार से पाला था। आज वह एक बड़ी कम्पनी का महाप्रबन्धक बन गया है। उसके ठाठ बाठ निराले हैं। जिन माँ-बाप ने उसे पढ़ाकर इस योग्य बनाया था वही माँ-बाप मिस्टर जैक को अब नहीं सुहाते थे। दोनों वृद्ध प्राणी अपने इकलोते बेटे के रहमों-करम पर जीवन व्यतीत कर रहे थे। अधिक पढ़े लिखे न होने के कारण माँ-बाप बेटे के आधुनिक सम्पन्न दोस्तों के सामने आने से कतराते थे। मिस्टर जैक नहीं चाहता था कि लोगों को यह ज्ञात हो कि उसके अनपढ़ गंवार माता पिता उसके साथ रहते हैं। वह अपने माँ-बाप को घर के कोने में बने एक कमरे में रखता था। जब मिस्टर जैक को प्रमोशन मिली तो उसने एक बहुत बड़ी पार्टी का आयोजन किया जिसमें शहर के नामी ग्रामी लोगों को आमंत्रित किया गया था। जैक नहीं चाहता था कि उनका सामना उसके अनपढ़ माँ-बाप से हो। इसलिए उसने अपने माँ-बाप को कोने वाले कमरे में रहने का आदेश दे दिया।

पार्टी रात देर तक चलती रही। तरह तरह के व्यंजन परोसे गए। सब लोग खा पी कर तृप्त हो गए। अब कुछ झूठा खाना बच गया था। उसके माता-पिता कोने वाले कमरे में भूख से बिलबिला रहे थे। जैक ने एक टूटी हुए प्लेट में बचा खुचा खाना रख कर अपने बेटे जोनी से कहा कि यह खाना वह अपने दादा दादी को दे दे। जोनी बहुत समझदार बच्चा था। वह अपने दादा दादी से बहुत प्यार करता था। इसलिए उसने कुछ खाना पहले से ही बचा कर रख लिया था ताकि उसके दादा दादी भूखे न रहें। अपने पिता का कहना मान कर जोनी टूटी हुई प्लेट के खाने को कूड़ेदान में फैक कर उस प्लेट को धो कर अपनी अलमारी में सम्भाल कर रखने लगा।

उसे ऐसा करते देख जैक ने बेटे से पूछा कि वह टूटी हुई प्लेट को अलमारी में सम्भाल कर क्यों रख रहा है। जोनी ने जवाब दिया कि वह इस प्लेट को इसलिए सम्भाल कर रख रहा है कि जब आप बूढे हो जाओगे तो मैं आपको उसी प्लेट में खाना दिया करूंगा जिस प्लेट में आप अपने मम्मी डेडी को देते हो।

जोनी का उत्तर सुनकर जैक को कोई शिक्षा मिली हो या न मिली हो उसे इतना अवश्य ज्ञात हो गया कि बच्चे वही सीखते हैं जो उनके माँ-बाप करते हैं।

4. चरित्र निर्माण की कमी

पचास साठ के दशकों में स्कूल की किताबों में एक अनिवार्य पाठ हुआ करता था जिसमें किसी महापुरुष की जीवनी का सारांश होता था। बच्चे उनकी जीवनी पढ़ कर अच्छे संस्कार ग्रहण करते थे। इन पाठों में अधिकांश रूप से स्वामी विवेकानंद, लोक नायक तिलक,

राजा राम मोहन राय, डाक्टर भीमराव अम्बेडकर, लाला लाजपत राय, भगत सिंह, राज गुरू, महात्मा गाँधी आदि की जीवन कथाएं होती थीं। घर के बुज़ुर्ग लोग भी दुनियादारी की बातों को त्याग कर समाज कल्याण के कार्य करते थे। जिससे बच्चों के मन में समाज कल्याण, मानवीय मूल्यों और उच्च चरित्र का विकास होता था।

आजकल तो आपराधिक रिकार्ड वाले राजनेता ही बच्चों के आदर्श बन गए हैं। माता पिता भी आपराधिक राजनेताओं को वोट देते हैं और उन्हीं के गुण गाते हैं। माँ-बाप को देख कर बच्चों के चरित्र का भी हनन हो रहा है। एक प्रकार से यह बच्चों के ब्रेन वाश का कार्य है। आजकल बच्चों को यह सिखाने वाला कोई नहीं कि साधारण और सरल जीवन ही उनके लिए उचित मार्ग है। इस मार्ग पर कठिनाइयाँ हो सकती हैं पर इसी राह पर चलने से बच्चों और समाज का भविष्य सुरक्षित रह सकता है। माता पिता को ही अपने बच्चों का आदर्श बनना होगा।

रमेश हमेशा अपने पिता नरेश को कोसता रहता था। बचपन से वह देखता आया था कि उसके पिता के साथ काम करनेवाले उमेश अंकल बड़े ठाठ-बाठ से रहते थे। उनके घर में नए ज़माने की सारी सुख सुविधाएँ थीं। घर में एयरकंडीशनर, फ्रिज, माइक्रोवेव, टेलीविजन, और एक चमचमाती कार थी। उनके बच्चों के पास स्मार्ट फोन थे। लेकिन रमेश के पिता नरेश के घर पर एक पुराना टी.वी और छत का पंखा था। वह ऑफिस भी अपने पुराने स्कूटर पर जाते थे। रमेश के पिता और उमेश अंकल की तन्खवाह भी बराबर थी फिर भी रमेश हर चीज़ के लिए तरसता था जबकि उमेश के बच्चों के पास हर रोज़ कोई न कोई नई वस्तु आ जाती थी।

रमेश अपने पिता नरेश को बिल्कुल निकम्मा और गैर ज़िम्मेदार व्यक्ति समझता था। बड़ा होकर रमेश नौकरी की तलाश करने लगा। उसके पड़ोसी उमेश अंकल का बेटा भी नौकरी की तलाश कर रहा था। दोनों युवकों ने एक कम्पनी में सेल्समेन के लिए आवेदन किया। साक्षात्कार के समय जब रमेश से उसके पिता का परिचय पूछा गया तो साक्षात्कार कर्ता व्यक्ति ने न केवल उसके पिता का सम्मान पूर्वक नाम लिया बल्कि रमेश का चयन केवल इस लिए हो गया कि वह श्री नरेश का पुत्र है। लोग समझते हैं जैसा पिता है वैसा ही पुत्र भी होगा। यदि पिता चरित्रवान है तो बेटा भी चरित्रवान होगा। साक्षात्कार कर्ता उसके पिता को जानता था और उनका बहुत सम्मान करता था। बेटे का चयन उसके गुणों से नहीं बल्कि उसके पिता के व्यक्तित्व और अच्छे चरित्र के कारण हुआ था।

जिस पिता को रमेश आर्थिक कमी के कारण कोसता रहता था उसे यह ज्ञात ही नहीं था कि दूसरे लोग उसके पिता का सम्मान उनके उच्च चरित्र, इमानदारी, और कर्तव्यनिष्ठा के गुणों के कारण करते थे जिनका मूल्य पैसों से नहीं आंका जा सकता।

धनवान होने से सम्मान नहीं मिलता परन्तु चरित्रवान व्यक्ति का सब सम्मान करते हैं।

5. घर में कलह

आजकल के आधुनिक युग में हर इन्सान के पास सब कुछ है परन्तु संतोष और शांति नहीं है। जिस घर में माता पिता दोनों सर्विस करते हैं उस घर में प्राय मियाँ-बीवी में झगड़ा होता रहता है। हाल ही में इस बारे में की गई एक खोज से ज्ञात हुआ है कि बच्चों के व्यवहार में 90% प्रभाव, उनके अभिभावकों के व्यवहार का होता है। माता पिता जैसा व्यवहार करेंगे बच्चा भी वैसा ही व्यवहार करना सीख जाएगा। अगर मियाँ-बीवी का व्यवहार आपस में या समाज के अन्य लोगों के साथ ठीक नहीं है तो बच्चे का व्यवहार भी उनके नक्शे कदम पर होगा। माँ-बाप के ग़लत व्यवहार के कारण बच्चों में अनेक प्रकार की समस्याएँ पैदा हो सकती हैं। जब व्यक्ति का व्यवहार उचित नहीं होता तो वह प्राय: तनाव में रहता है। इसी प्रकार बच्चा जब अनुचित व्यवहार का सामना करता है तो उसके मस्तिष्क में अवांछित तनाव उत्पन्न हो जाता है। घर का झगड़ालू वातावरण बच्चों के मन में भय और शंका का कारण बन जाता है जिससे बच्चे अवसाद यानि डिप्रेशन के शिकार हो जाते हैं।

मियाँ-बीवी की तकरार तो हर घर की कहानी है। बच्चे मरें या जियें, पास हों या फेल हों उनकी बला से। बच्चों के सामने जब माँ-बाप आपस में लड़ते झगड़ते हैं तो वह यह भूल जाते हैं कि वह अपने बच्चों के भविष्य के साथ खिलवाड़ कर रहे हैं। बचपन के दिन होते हैं ख़ुशी के, आज़ादी के, हँसने और खेलने के। यदि घर का माहोल कलहकारी हो तो बच्चे अपना बचपन भूल जाते हैं। उनका भोलापन खो जाता है। वह एक प्रकार के आंतक के शिकार हो जाते हैं जहाँ कभी भी कुछ भी हो सकता है। इस तनाव के कारण उनका मानसिक विकास रुक जाता है। उनके मन में एक अनजाना डर घर कर लेता है। माता पिता की ग़लतियों के कारण बच्चों को रोने धोने के माहोल में रहना पड़ता है। उनका विश्वास और भरोसा समाप्त हो जाता है। ऐसे बच्चे कभी किसी पर विश्वास नहीं कर पाते।

एक सर्वेक्षण के अनुसार 80 प्रतिशत बच्चे अपने माता पिता के झगड़ों से क्रोधी, चिढ़चिढ़े, और तनावग्रस्त हो जाते हैं। माता पिता से उनका लगाव समाप्त हो जाता है। ऐसी स्थिति में बच्चे माता पिता का सम्मान नहीं करते, असुरक्षा की भावना से ग्रस्त हो जाते हैं, उन्हें अपने भविष्य की चिन्ता सताने लगती है, बच्चे हीन भावना का शिकार हो जाते हैं। जिस घर का माहोल कलह पूर्ण हो उस घर के बच्चों का शोषण करने वाले बहुत लोग तैयार रहते हैं। जानकार लोग ही बच्चों का शोषण करने लगते हैं।

घरेलू हिंसा देख कर बच्चों में हिंसक गुण अवतरित होने लगते हैं। बड़े होकर वह हिंसा करने लगते हैं। कभी कभी उनकी हिंसक वारदात उनकी मौत का कारण भी बन जाती है। कुछ बच्चे अपराधिक गतिविधियाँ करने लगते हैं। एक प्रकार से घर की हिंसा बच्चों को अपराधी बनने की प्रेरणा देती है। कच्ची उम्र में जो अनुभव बच्चों को मिलता है वह जीवन पर्यन्त रहता है। बचपन में हिंसक गतिविधियाँ देखने से बच्चे भी हिंसक प्रवृती के बन जाते हैं।

6. घर में व्यसनों का प्रयोग

यदि माता पिता जागरूक नहीं हैं और बच्चों के सामने ही शराब, पान, बीड़ी, सिगरेट, तम्बाकू, गुटखा आदि का सेवन करते हैं तो उनके बच्चे भी इन वस्तुओं का प्रयोग करने लगते हैं। बच्चे को तो वही सब ठीक लगता है जो उसके माता पिता करते हैं। अबोध बच्चों को ज्ञात नहीं होता कि किसी भी प्रकार के नशे का आदि हो जाने से जीवन में अनेक कठिनाइयाँ उत्पन्न हो जाती हैं। जो अभिभावक नशे के आदि होते हैं उनके बच्चों को अपेक्षकृत अधिक मानसिक, शारीरिक, भावनात्मक और स्वास्थ सम्बन्धी समस्याओं से झूझना पड़ता है। नशे में माँ-बाप द्वारा किए गए कर्मों को उनके बच्चों को भुगतना पड़ता है। कभी कभी उनके दोस्त उनका उपहास करने लगते हैं और कभी कभी उनसे दोस्ती का नाता तोड़ लेते हैं। ऐसी स्थिति में शराबी माँ-बाप के बच्चे सामाजिक बहिष्कार का शिकार बन जाते हैं। उनका जगह जगह अपमान होता है और वो अपने आप को दोषी मानकर अवसाद की स्थति में चले जाते हैं।

शराबी पिता बिना कारण घर में उत्पात मचाता रहता है। घर की शांति भंग करता रहता है। उसके चाल चलन का अनुसरण कर बच्चे भी वही कुछ करने लगते हैं। कहते हैं बाप नम्बरी तो बेटा दस नम्बरी। बड़ा होकर बेटा भी वही करने लगता है जो उसके पिता करते हैं।

अगर शराबी पिता अपने बच्चों को शराब पीने से मना करता है और कहता है कि शराब पीना बुरी बात है तो बच्चों पर इस बात का कोई प्रभाव नहीं होता।

मुझे बचपन में पढ़ी पंचतन्त्र की एक कहानी याद आती है।

एक विधवा बूढ़ी औरत गुड़ बेच कर जीवन यापन करती थी। उसका बेटा छोटा था जो गुड़ चुरा कर खा जाता था। इससे उसकी माँ को परिवार चलाने में कठिनाई होती थी। उसने अपने बेटे को गुड़ खाने से कई बार मना किया पर बेटे को गुड़ खाने की बुरी आदत थी। वह आदत से लाचार होकर रोज़ गुड़ चोरी करके खा जाता था। उसकी इस आदत से माँ बहुत परेशान थी।

उसी समय उनके गाँव में एक सन्यासी आया जो सबकी समस्याओं का समाधान करता था। विधवा बूढ़ी औरत उस सन्यासी के पास गई और उससे प्रार्थना कर के कहने लगी कि उसके बेटे को गुड खाने की आदत है जिससे उसको बहुत नुक्सान होता है। उसने सन्यासी से बेटे के गुड खाने की आदत को छुड़ाने के लिए कहा। सन्यासी ने कहा देवी तुम एक सप्ताह बाद आकर मुझसे मिलना मैं कोई उपाए करूंगा। वह औरत एक सप्ताह बाद गई तो सन्यासी ने कहा कि अब आप दस दिन के बाद आना तब मैं तुम्हारे बेटे की गुड़ खाने की आदत छुड़वा दूंगा। महिला दस दिन बाद गई तो सन्यासी ने कहा अगले हफ्ते अपने बेटे को मेरे पास लेकर आना मैं उसकी गुड खाने की आदत को छुड़वा दूंगा। विधवा अगले हफ्ते अपने बेटे को सन्यासी के पास लेकर गई।

कुछ समय तक सन्यासी ने उसके बेटे के सिर पर अपना हाथ रखा और फिर कहा बेटा गुड़ चुरा कर खाना अच्छी बात नहीं है। तुम आगे से गुड़ चुरा कर मत खाना।

सन्यासी की बात सुनकर महिला को बड़ा अचम्भा हुआ। अगर सन्यासी ने इतनी सी बात ही कहनी थी तो उसने पहले दिन ही ऐसा क्यों नहीं कह दिया। बिना कारण उसको चक्कर पर चक्कर लगवाता रहा। महिला की बात सुनकर सन्यासी ने कहा।

ऐ देवी सुनो मेरी बात। मैं खुद गुड़ खाने का आदि हूँ। जिस वस्तु का मैं स्वयं आदि हूँ मैं दूसरों को उस वस्तु का त्याग करने को नहीं कह सकता। अगर मैं कहता भी तो मेरी बात का कोई असर नहीं होने वाला था। तुम्हारे बेटे को गुड़ खाने की आदत को छोड़ने की बात कहने से पहले मुझे खुद गुड खाने की आदत का त्याग करना था। इसीलिए मुझे तुम्हें बार बार बुलाना पड़ा। पहले मैंने अपनी गंदी आदत का त्याग किया उसके बाद ही मैं तुम्हारे बेटे को कह सका अन्यथा मेरे कहने का कोई प्रभाव नहीं होता।

सन्यासी की उक्त बात सब अभिभावकों पर भी लागू होती है। पहले खुद अच्छे संस्कार सीखो तभी आपके बच्चे भी अच्छे संस्कार न केवल सीखेंगे बल्कि उन पर आचरण भी करेंगे। अभिभावकों द्वारा किया गया कोई भी ग़लत आचरण बच्चों का जीवन बर्बाद कर सकता है। जैसा बीज बोएँगे वैसा फल प्राप्त करेंगे। लेखक और शिक्षक जॉन होल्ट ने इंसान की तुलना बोन्जाई वृक्ष से की है। उनका कहना है :-

जब आप वृक्ष बोते समय उसकी जड़ों की कटाई करदो, उसकी टहनियों की छटाई करदो उसके बाद पोधे को पानी, हवा और धूप सीमित मात्रा में प्रदान करो तो वह पौधा वृक्ष का रूप तो लेगा लेकिन उसका कद बोना होगा, तना कमज़ोर और बेढंगा होगा, छोटी-छोटी पत्तियाँ होंगी और फल तो शायद पैदा ही न हों। इस प्रकार के लालन पालन से पोधा वृक्ष तो बन जाएगा परन्तु वह वास्तविक वृक्ष की भांति न तो सीधा खड़ा रह सकेगा, और न ही प्राणियों को उसकी छाया प्राप्त होगी। वह एक वृक्ष की केवल लघु आकृति बन कर रह जाएगा। इसके विपरीत यदि पौधे को खुली हवा, पानी और धूप मिलेगी तो वह सही अर्थों में वृक्ष बन पाएगा। इसी प्रकार बच्चों को जब एक सीमित दायरे में रखकर कुछ अच्छा और नया नहीं करने दिया जाएगा तो उनका विकास भी बोना ही होगा।

7. भौतिक सुख और नैतिक मूल्य

आजकल बच्चों का लालन पालन जिस वातावरण में हो रहा है वहाँ भौतिक सुखों का बोल बाला है। नैतिक मूल्यों के स्थान पर भौतिक मूल्यों को अधिक महत्व दिया जा रहा है। माँ और बाप दोनों धन कमाने की दौड़ में लगे हैं। दोनों का जीवन इतना व्यस्त है कि उनके पास न तो स्वयं अच्छे संस्कार ग्रहण करने का समय है न वह बच्चों को अच्छे संस्कार दे पाते हैं। बच्चों को अच्छा इन्सान बनाने के गुण सिखाने के स्थान पर उन्हें अधिक धन कमाने, सता प्राप्त करने और बाहुबली बनने के गुण सिखाए जा रहे हैं। यदि यह क्रम अधिक समय तक चलता रहा तो बुढापे में माँ-बाप बच्चों को बोझ लगने लगेंगे। भौतिकवादी दृष्टिकोण के कारण बच्चे मानवीय मूल्यों को भुला कर नफे और नुक्सान की बात सोचने लगेंगे। एक वृधाश्रम में जाने का मौका मिला। मालुम हुआ कि किसी वृद्ध का बेटा डॉक्टर है, किसी का इंजीनियर है और किसी का बेटा व्यापारी है। सबकी कमाई लाखों में है। मुझे ऐसा कोई वृद्ध उस आश्रम में नहीं मिला जिसका बेटा ग़रीब हो, मज़दूर हो या जिसके पास कमाई का कोई अच्छा साधन हो। आश्रम में रहने वाले लोगों के बच्चे उच्च श्रेणी के खाते पीते नागरिक हैं। कारण एक ही है भौतिकवादी सोच जो आजकल सब बच्चों को माँ-बाप ही सिखाने पर तुले हुए हैं। मानव मूल्यों की आज कोई कीमत नहीं है।

माँ-बाप के आचरण से यदि बच्चे ग़लत बातें सीखते हैं तो कसूर माँ-बाप का है। बच्चों को अच्छे संस्कार देने, उनके उच्च चरित्र और व्यक्तिव का निर्माण करने से पहले

माँ-बाप को अपना उच्च चरित्र और व्यक्तिव बनाना होगा तभी उनके बच्चे संस्कारी, सहयोगी और प्रतिभावान बन सकेंगे।

8. घर का अनुशासन

आज तूने फिर शरारत की? खाना नहीं मिलेगा। आज तूने होम वर्क नहीं किया पॉकेट मनी नहीं मिलेगी, हम सब यही करते हैं। अनुशासन के नाम पर हमें केवल सज़ा देना ही आता है। अधिकतर अभिभावक समझते हैं कि अनुशासन का अर्थ सज़ा देना होता है। परन्तु इसका वास्तविक अर्थ है निर्देश देना, सिखाना, ज्ञान देना और सुधारना। अनुशासन का अर्थ सज़ा देना, मारना, डांटना, और गुस्सा करना नहीं होता।

हर माँ-बाप की इच्छा होती है कि उनके बच्चे योग्य, प्रतिभावान, संस्कारी बनें और उनके चरित्र तथा व्यक्तिव का पूर्ण विकास हो। इसके लिए न तो कोई पाठशाला है, न किसी हकीम के पास इसका इलाज है और न ही यह वस्तुएँ बाज़ार में बिकती हैं। इसके लिए माँ-बाप को स्वयं संयम व नियम का पालन करना होता है। इसके लिए घर में एक अनुशासन अपनाना होगा जिसमें हर छोटी बड़ी बात या कार्य का अपना महत्व होता है। घर के माहोल को शान्त, सुखमय और सौम्य बनाए रखने के लिए कुछ नियम बनाने की आवश्यकता होती है ताकि परिवार के सभी सदस्य मिलजुल कर हँस खेल कर ख़ुशी ख़ुशी जीवन यापन कर सकें और अपने अपने क्षेत्र में सफलता प्राप्त कर सकें। घर के बड़े तो अच्छा भला समझते हैं बच्चों और किशोरों को अच्छा भला समझाने के लिए कुछ अनुशासन की आवश्यकता होती है। सबसे पहले हमें यह समझना होगा कि अनुशासित जीवन का लाभ क्या होता है।

a) अनुशासन से गति प्राप्त होती है। जब यह तय हो जाता है कि कौन सा कार्य कब करना है, कौन सी वस्तु कहाँ रखनी है, खाना कब खाना है, पढ़ाई कब और कितनी देर करनी है, खेलना कब है, सोना कब है तो जीवन नियमित हो जाता है। सभी कार्य सुचारू रूप से समय से होने लगते हैं। घर में शांति और सुख का माहोल बना रहता है।

b) अनुशासन से ध्यान केंत्रित होने में सहायता मिलती है। जब बच्चों को ज्ञात हो कि नियम अनुसार अब उन्हें पढ़ाई करनी है तो उनका मन पढ़ाई की ओर केन्द्रित रहता है। जब खेलने का समय निर्धारित हो तो पूरा ध्यान खेलो में लगा रहता है। इसी प्रकार बच्चे हर क्षेत्र में अपना ध्यान केन्द्रित कर पाते हैं फलस्वरूप उन्हें हर क्षेत्र में सफलता प्राप्त होती है।

c) अनुशासन से समय का पालन करने की आदत बन जाती है जो जीवन पर्यन्त काम आती है। अनुशासन से बच्चों को आत्मनियन्त्रण करना आ जाता है और वह अपने सभी कार्य समय पर करने लगते हैं।

d) अनुशासित जीवन स्वास्थ के लिए लाभकारी होता है। समय से खाने पीने, घूमने फिरने, सोने जागने, व्यायाम करने से हर कोई स्वस्थ रहता है उसे डाक्टर के पास जाने की आवश्यकता नहीं होती। आलसी व्यक्ति न केवल समय बर्बाद करता है बल्कि जीवन के कई स्वर्ण अवसरों को भी खो देता है।

e) अनुशासित व्यक्ति को समाज में सम्मान मिलता है।

घर के अनुशासन के लिए कोई लम्बी चौड़ी योजना बनाने की आवश्यकता नहीं होती। बस एक नियमित और संयमित जीवन की आदत डालने की जरूरत होती है। कुछ उधारण इस प्रकार हैं :–

9. लाड प्यार की सीमा

हर बच्चा माँ-बाप को बहुत प्यारा होता है। उसकी हर ख़ुशी के लिए माँ-बाप सब कुछ निछावर करने को तैयार रहते हैं। वह अपना समस्त लाड प्यार बच्चे पर लुटा देते हैं। कभी कभी अपनी हैसियत से अधिक खर्चा करके भी अपने बच्चे की इच्छा पूरी कर देते हैं। उसकी हर जायज़ और नाजायज़ मांग पूरी करने लगते हैं। जब यह सिलसिला काफी दिनों तक चलता रहता है तो बच्चा जिद्दी बन जाता है। अपनी जिद्द पूरी करवाने के लिए वह तरह तरह के हथकंडे अपनाने लगता है। कभी रोता है, कभी चिल्लाता है, कभी भूख हड़ताल कर देता है और कभी रूठ जाता है। अधिक जिद्दी बच्चा घर से भाग जाने की धमकी भी दे देता है। मजबूर होकर माँ-बाप को उसकी जिद्द पूरी करनी पड़ती है। लाड प्यार में अंधे माँ-बाप भूल जाते हैं कि बच्चों की हर जिद्द मान लेने से वह उनके जीवन से खिलवाड़ कर रहे हैं। जिद्दी बच्चे बड़े होकर स्वच्छन्द हो जाते हैं। माता पिता की आज्ञा मानने से भी इंकार कर देते हैं। उन्हें माँ-बाप का डर नहीं रहता और फलस्वरूप ऐसे बच्चे ग़लत काम करना आरम्भ कर देते हैं। ग़लत लोगों से दोस्ती कर लेते हैं। कुमार्ग अपना कर ऐसे बच्चे माता पिता के लिए सिर-दर्द बन जाते हैं। वह ऐसे ऐसे काम करना शुरू कर देते हैं जिससे माँ-बाप का सिर शर्म से झुक जाता है। समाज में उनका जीना मुश्किल हो जाता है।

जब ज़रुरत से अधिक लाड प्यार से बच्चे बिगड़ जाते हैं तो बच्चे माँ-बाप की परवाह करना छोड़ देते हैं। उनका कहना नहीं मानते। बिगड़े बच्चों की करतूतों से

समाचार पत्र भरे रहते हैं। टी.वी चैनलों पर उनके किस्से हर रोज़ प्रसारित होते हैं। और दण्ड भुगतना पड़ता है माँ-बाप को। ये वही बच्चे होते हैं जिन्हें अधिक लाड प्यार के कारण माता पिता बचपन में ही बिगाड़ देते हैं। ऊनकी हर जायज़ नाजायज़ मांगों को मानकर बिना परिणाम सोचे उसे पूरा करते रहते हैं। बड़े होकर ये बच्चे समाज विरोधी और कभी कभी तो देश विरोधी गतिविधियों में लिप्त हो जाते हैं। आवश्यकता से अधिक लाड प्यार बच्चों को परिवार विरोधी, समाज विरोधी और देश विरोधी कार्यों में लिप्त होने में सहायक होता है। आश्चर्य नहीं ऐसे बच्चे अपराधी बन जाएं। कभी कभी बच्चों की जिद्द उनकी मौत का कारण भी बन जाती है। हाल ही में दिल्ली में एक हादसा हुआ जिस में एक नवयुवक की मौत केवल इस कारण हो गई कि उसके माँ-बाप ने उसकी नाजायज़ जिद्द पूरी कर दी थी।

धनी माँ-बाप ने अपने बेटे की जिद्द को मानते हुए उसे दुनिया की सबसे महंगी मोटर साईकिल खरीद कर दे दी। एक रात अपने दोस्तों के साथ वह उस मोटर साईकिल पर सवारी करने निकला। मोटर साइकिल की रफ्तार इतनी तेज़ थी जिसको सम्भालना बड़ा कठिन था। अचानक उसका बैलंस बिगड़ा और भयानक दुर्घटना में उस नवयुवक की मृत्यु हो गई। अब पछताए होत क्या जब चिड़िया चुग गई खेत। अमीर माँ-बाप ने बच्चे की नाजायज़ मांग पूरी करदी और अपने बेटे के जीवन से हाथ धो बैठे।

हर माँ-बाप को बच्चे की मांग पूरी करने से पहले उस मांग के औचित्य पर ध्यान देने की जरूरत होती है। बच्चों कि नाजायज़ मांग को पूरा करने से माँ-बाप उनका भला नहीं करते बल्कि उनका नुक़सान ही करते हैं।

10. दण्ड देने की सीमा

इस विषय पर विशेषज्ञों की राय भिन्न भिन्न है। कुछ वेशेषज्ञों का कहना है कि गलती करने पर बच्चों को दण्ड देना चाहिए क्योंकि ऐसा करने पर उन्हें अपनी गलती का अहसास होगा और वे भविष्य में गलती नहीं करेंगे। बचपन में मिले दण्ड को बच्चे जीवन भर नहीं भूलते और ऐसी गलती दुबारा नहीं करते। कहते हैं दण्ड एक शिक्षक का कार्य करता है और भले और बुरे की पहचान कराता है। कुछ अन्य विशेषज्ञों का विचार इसके विपरीत है। उनका मानना है कि गलती हर किसी से हो सकती है। ज़रूरी नहीं हर गलती की सज़ा दी जाए। गलती को सुधारने का अवसर अवश्य देना चाहिए। अगर दण्ड देना आवश्क हो तो दण्ड की मात्रा गलती के अनुरूप होनी चाहिए। छोटी गलती के लिए आगे से गलती न करने की सलाह देना ही पर्याप्त होता है। बड़ी गलती करने पर बच्चों को उससे होने वाले नुकसान से अवगत करवाना चाहिए। थोड़ा समझाने से बच्चे

समझ जाते हैं। अगर बच्चा गलती महसूस कर लेता है तो वह अपने व्यवहार को सुधार लेगा और आगे से गलती नहीं करेगा। माँ-बाप का सबसे बड़ा काम है गलती करने पर बच्चे को गलती महसूस करवाना ताकि वह आगे से गलती न करे।

कभी कभी माँ-बाप अपना धैर्य खो देते हैं और बच्चों को बड़ी सज़ा दे देते हैं। इससे बच्चे अपना मानसिक संतुलन खो देते हैं। या तो वह माँ-बाप की अवज्ञा करने लगेंगे या फिर घबरा कर आत्महत्या भी कर सकते हैं। परीक्षा में कम नम्बर आने पर माँ-बाप के गुस्से से डर कर कई बच्चे आत्महत्या कर लेते हैं। हर रोज़ समाचार पत्र में ऐसी खबर छपती रहती है। बच्चों को दण्डित करना या सज़ा देना कोई अच्छा समाधान नहीं होता। दण्ड छोटा हो या बड़ा हो उसका सीधा प्रभाव बच्चों के मन और मस्तिष्क पर पड़ता है। सज़ा प्राप्त बच्चे अपना संतुलन खो देते हैं। पढ़ाई में कमज़ोर हो जाते हैं। उनके स्वास्थ पर इसका बुरा प्रभाव पड़ता है। धीरे धीरे बच्चे माँ-बाप से विमुख हो जाते हैं। उनका सम्मान करना बन्द कर देते हैं। बार बार दण्ड मिलने से बच्चे विद्रोह भी कर देते हैं।

गुस्से में आकर शारीरिक दण्ड देने से बच्चे हाथ से निकल जाते हैं। प्यार एक ऐसा रास्ता है जिससे बिगड़ैल बच्चे भी सुधर जाते हैं। गुस्से में दी गई सज़ा का प्रभाव हमेशा उल्टा होता है। अनुशासन का पालन आवश्यक है परन्तु अनुशासन सिखाने में माँ-बाप को स्वयं अनुशासन में रह कर बच्चों के सामने उधारण पेश करना होगा। जो माँ-बाप करेंगे बच्चा वही सीखेगा। यदि बच्चा फिर भी गलती करता है तो माँ-बाप को उसकी गलती करने के कारणों को जानना होगा। बार बार गलती करने के पीछे कोई न कोई कारण अवश्य होगा। हो सकता है बच्चा माँ-बाप के सख्त व्यवहार के कारण जानबूझ कर उन्हें तंग करने के लिए गलती करता हो। ऐसे स्थिति में माँ-बाप को अपने व्यवहार का अवलोकन करना होगा।

एक बात याद रखें अगर कोई बच्चा जानबूझ कर बार बार गलती करता है तो वह साधारण नहीं बल्कि विशेष व्यक्तित्व का मालिक होगा। उसमें अन्य बच्चों से भिन्न अधिक इच्छा शक्ति होगी। उसमें विलक्षण गुण भी हो सकते हैं। अपने से बड़ो की अवज्ञा वही कर सकता है जिसमें खुद अपनी समझ हो और वह कुछ कर दिखाना चाहता हो। ऐसे बच्चे अधिक बुद्धिमान होते हैं और हर स्थिति को बड़ी तेज़ी से समझ सकते हैं। वे अपनी समस्या का समाधान भी ढूंड लेने मैं सक्षम होते हैं। सज़ा देने से पहले माँ-बाप को ऐसे बच्चों पर विशेष ध्यान देने की आवश्यकता होती है। ऐसे बच्चों के साथ न तो ऊँची आवाज़ में बोलना चाहिए, ना ही उन पर हाथ उठाने का प्रयास करना चाहिए, ऐसे बच्चों की इच्छा शक्ति बहुत सशक्त होती है। देर सवेर ऐसे बच्चे माँ-बाप को झुकने

पर मजबूर कर देते हैं। उनको किसी प्रकार की सज़ा अथवा दण्ड की कोई परवाह नहीं होती। उनको अनुशासित करने का एक ही तरीका है। उनसे ताल मेल बना कर प्यार से उनके साथ बैठ कर सम्वाद करने से और हर स्थति का आकलन करके उनकी समस्या को समझने से ही उन्हें अनुशासन का पाठ पढ़ाया जा सकता है।

वैसे भी सज़ा देने का लक्ष्य पीड़ा पहुँचाना नहीं होना चाहिए। सज़ा इस ढंग से दी जानी चाहिए जिसका सकारात्मक प्रभाव हो। सज़ा और सबक में अंतर होता है सबक दें न कि सज़ा। छोटे बच्चों को तो छोटी छोटी बातों से समझाया जा सकता है और वे समझ भी जाते हैं परन्तु समस्या आती है बड़े बच्चों को समझाने में।

हाँ बड़े बच्चों के मामले में कुछ अधिक सावधानी बरतने की आवश्यकता होती है। नए ज़माने की जीवन शैली ने अभिभावकों की ही नहीं बल्कि बच्चों की जीवन शैली भी बदल दी है। जरूरी नहीं कि बच्चे बड़े होने के बाद ही बिगड़ें। बिगड़ने की आदत तो बचपन से ही आरम्भ हो जाती है। कुछ अनहोनी घटने से, कुछ अप्रत्याशित घटना घटने से कुछ बच्चों में छुटपन से ही ग़लत आदतें पड़ जाती हैं। जिसके कारण वह पारिवारिक अनुशासन को तोड़कर बुरे रास्ते को अपना लेते हैं। हो सकता है कोई बच्चों का शोषण कर रहा हो।

करना क्या चाहिए :

» छोटे बच्चों से प्यार और बड़े बच्चों से मित्रता का व्यवहार करना चाहिए।

» घर के नियम अवश्य हों परन्तु सख्ती करने के लिए नहीं बल्कि सबके भले के लिए।

» बच्चे नियमों को डर कर नहीं माने बल्कि माँ-बाप के सम्मान के लिए उनको माने।

» अगर बच्चे माँ-बाप से डरने लगें तो सच मानो वे कुछ ग़लत काम अवश्य करेंगे।

» दण्ड देने से पहले बच्चों को उनकी गलती समझाएं। बिना गलती समझे दण्ड देने का प्रभाव नहीं होता। एक सीमा के पश्चात् बच्चों के मन से दण्ड का भय खत्म हो जाता है।

» पहले खुद घर के नियमों का पालन करें फिर बच्चों से कहें।

» जब तक बच्चों को सही और ग़लत के अंतर का ज्ञान नहीं होगा तब तक बच्चा गलती करता रहेगा।

» बच्चों को गलती करने के परिणामों से अवगत कराने से बच्चे सही दिशा में कार्य करने लगते हैं।

» उन्हें अपने काम खुद करने की आदत डालें। इससे बच्चा स्वालम्बी बनेगा।

» यदि माँ-बाप घर के नियम तोड़ते हैं तो वह खुद भी उसी सज़ा को भुगतें जो बच्चों की दी जाती है। इससे बच्चों को नियम मानने को प्रेरणा मिलेगी।

ध्यान रखें नियम बहुत कम हों, सरल हों और दिखावे के लिए नहीं बल्कि सभी उनका पालन करें।

11. गुस्सा करने की सीमा

सारे प्रयास करने के पश्चात् भी अगर बच्चा नियम नहीं मानता, कहना नहीं मानता, जिद्द करना नहीं छोड़ता तो माँ-बाप को गुस्सा आ जाता है। गुस्से में अक्सर माँ-बाप कुछ ऐसा कर बैठते हैं जिसे बच्चा जीवन भर नहीं भुला पाता। बाद में माँ-बाप को बहुत पछताना पड़ता है। गुस्से को रोकना तो बहुत कठिन कार्य है परन्तु कठिनाई का सामना तो माँ-बाप को ही करना है। गुस्से में आकर यदि मार पीट कर दी तो हो सकता है बच्चे को इतनी अधिक शारीरिक चोट पहुँच जाए जिसे ठीक करना कठिन हो। मैंने यु ट्यूब पर एक विडियो देखा था। एक बच्चा पापा की नई कार पर कील से कुछ खरोंचे डाल रहा है। नई और महंगी कार पर कील से बच्चे को खरोंचे डालते देख बाप को बहुत गुस्सा आया। नई कार हाल ही में खरीदी गई थी। अभी तक बाप ने नई कार को अपने दोस्तों को भी नहीं दिखाया था। नई कार का सत्यानाश होते देख बाप गुस्से में अन्धा हो गया। उसने आव देखा न ताव कार में रखे पेचकस से बच्चे को मारना शुरू कर दिया। मारा तो दो चार बार ही था पर वार इतने सख्त थे कि बच्चे को गंभीर चोट पहुँची। हस्पताल ले जाते वक्त रास्ते में ही बच्चे की मौत हो गई।

हमारे प्राचीन ग्रन्थ गीता में कहा गया है :-

क्रोधाद्भवति सम्मोहः सम्मोहात्स्मृति विभ्रमः स्मृतिभ्रंशाद् बुद्धिनाशो बुद्धिनाशत्प्रणश्यति

"साधारण शब्दों में क्रोध के कारण मनुष्य का मस्तिष्क भ्रमित हो जाता है। भ्रमित अवस्था में मनुष्य भले और बुरे में भेद नहीं कर पाता अतः उसमें आक्रमक भावनाएं उत्पन्न हो जाती हैं जिसके फलस्वरूप वह घातक कार्य कर देता है।"

यदि माँ-बाप बच्चे की ग़लतियों पर ज़रुरत से ज्यादा गुस्सा करते हैं तो बच्चे के मन में दुर्भावना आ सकती है। वह विद्रोही हो सकता है, उसके मन में बदले की भावना पैदा हो सकती है। नफरत की आग में वह माँ-बाप को दुश्मन समझने लगता है। ऐसी स्थिति में बच्चा ग़लत संगत में पढ़ कर ग़लत काम करना आरम्भ कर सकता है।

बच्चे को मारा या डांटा इसलिए जाता है कि वह डर कर ग़लत कार्य न करे। यदि बच्चे को बार बार मारा या डांटा जाए तो उसके मन से मार का डर जाता रहेगा। फिर माँ-बाप कुछ भी कहें बच्चा अपनी मन मानी ही करता रहेगा। अतः यह आवश्यक है कि माँ-बाप संयम रखते हुए बच्चों पर गुस्सा एक सीमा के अन्दर ही करें। सीमा से अधिक कुछ भी अच्छा नहीं होता। सीमा से अधिक प्यार भी बच्चे को बिगाड़ देता है फिर सीमा से अधिक गुस्सा करने से तो और भी भयंकर परिणाम हो सकते हैं।

12. शिष्टाचार

शिष्टाचार का अर्थ है शिष्ट आचार अर्थात उत्तम व्यवहार। समाज हमें हमारे व्यवहार से पहचानता है। यह एक दर्पण हैं जिसमें हमारा व्यक्तिव दिखाई देता है। लोगों के साथ हम जैसा व्यवहार करेंगे उन पर वैसा ही प्रभाव पड़ेगा। अच्छा बनने के लिए अच्छे व्यवहार की आवश्यकता होती है। इतना ज्ञान तो सभी अभिभावकों को होता ही है। परन्तु बच्चों के लालन पालन में शिष्टाचार को भूल जाते हैं। वे समझते हैं बच्चों के साथ कुछ भी व्यवहार करो कोई फर्क नहीं पड़ता। परन्तु वास्तविकता यह है कि यही फर्क बच्चों को अच्छा या बुरा बनाता है।

बच्चों के सामने क्रोध करना, द्वेष करना, घृणा करना, झूठ बोलना, गाली गलोच करना, दूसरों का अपमान करना, घमंड करना, बड़ों का अपमान करना कुछ ऐसी बातें हैं जो अभिभावक अनजाने में ही कर जाते हैं। परन्तु उनके द्वारा की गई हर हरकत को बच्चे बड़े ध्यान से नोट करते हैं। यदि यह सिलसिला लम्बे समय तक चलता है तो बच्चे भी उसका अनुसरण करने लगते हैं। परिणाम स्वरूप बच्चे बड़े होकर अशिष्ट बन जाते हैं। शिष्ट व्यवहार का दूसरों पर अच्छा प्रभाव पड़ता है। लोग शिष्ट व्यक्ति का सम्मान करते हैं। परन्तु व्यक्ति का अशिष्ट व्यवहार केवल घृणा और दुश्मनी को आमंत्रित करता है। आपका बच्चा कितना ही पढ़ा लिखा हो यदि उसमें शिष्टाचार नहीं है तो उसकी शिक्षा व्यर्थ समझो। उसके दुर्व्यवहार के कारण लोग उसे पढ़ा लिखा मुर्ख ही समझेंगे। इसके विरुद्ध एक अनपढ़ व्यक्ति यदि उसमें शिष्टाचार है तो लोग उसे सम्मान की दृष्टि से देखेंगे।

हम सब चाहते हैं कि दूसरे लोग हमारा सम्मान करें, हमें इज़्ज़त से देखें। परन्तु हम यह भूल जाते हैं कि दूसरे लोग भी हम से यही अपेक्षा रखते हैं। यदि हम दूसरों का सम्मान नहीं करेंगे तो हमारे बच्चे भी नहीं करेंगे। हमें दूसरों के साथ वैसा ही व्यवहार करना चाहिए जो हम दूसरों से अपेक्षा करते हैं। हमारे शिष्ट व्यवहार से हमारे बच्चों में शिष्टाचार के गुण आएँगे।

एक बार फ्रांस के राजा हेनरी चतुर्थ (13 दिसम्बर 1953 - 14 मई 1610) अपने अंगरक्षक मंत्रियों के साथ पेरिस की आम सड़क पर जा रहे थे कि एक भिखारी ने अपने सिर का हैट उतार कर उनका अभिवादन किया। राजा ने उसका अभिवादन स्वीकार करने के लिए उसकी तरफ मुंह करके अपना सिर झुका दिया। यह देखकर एक मंत्री ने राजा से कहा, महाराज आप तो एक सम्राट हैं और वह एक भिखारी है। आपको एक तुच्छ भिखारी का अभिवादन करना शोभा नहीं देता।

राजा ने मंत्री से पूछा कि क्या महाराजा में इतना शिष्टाचार भी नहीं है जितना उस भिखारी में है? क्या तुम समझते हो कि मेरे अन्दर इतना शिष्टाचार भी नहीं है जितना उस भिखारी में है। यह प्रश्न राजा या भिखारी होने का नहीं यह प्रश्न है शिष्टाचार के होने या न होने का। शिष्टाचार सभी में होना चाहिए। मेरा अभिवादन जो भी करेगा मैं प्रत्युतर में उसका अभिवादन अवश्य करूंगा।

अगर एक पिता अपने बच्चों के सामने शिष्टाचार निभाता है तो उसके बच्चे भी शिष्टाचार अवश्य निभाएंगे। शिष्टाचार के लिए कोई बड़े कठिन कार्य करने की आवश्यकता नहीं। छोटी छोटी आदतों से शिष्टाचार निभाया जा सकता है। एक शिष्ट व्यक्ति का समाज में विशेष स्थान होता है। उसका सब आदर करते हैं।

मेरे साथ बीती एक घटना का उल्लेख करना चाहूँगा जो मेरे साथ घटित हुई है। इससे ज्ञात होगा कि छोटे से छोटे शिष्टाचार का कितना अधिक प्रभाव होता है।

> "मैं एक सोसाइटी में रहता हूँ जहाँ फ्लैट्स बने हुए हैं। सोसाइटी में 200 परिवार रहते हैं। सभी पढे लिखे सम्भ्रांत परिवार हैं। सभी निवासी या तो उच्च पदों पर आसीन हैं या बड़े व्यापारी हैं। सब अपने आप को एक दूसरे से उपर समझते हैं। जो ज्यादा अमीर हैं वे आशा करते हैं कि दूसरे लोग उनका अभिवादन पहले करें। भारत में एक परम्परा है कि हर सामने आने वाले व्यक्ति को नमस्ते करना या राम राम कहना। बड़े लोग आशा करते हैं कि सबसे पहले दूसरे लोग उनको नमस्ते करें। ज़रुरत हुई तो जवाब दे दिया जाएगा नहीं तो छोटे लोगों की नमस्ते का वह कोई उत्तर नहीं देते। मैं एक

सामान्य व्यक्ति हूँ। सीधा सादा मेरा जीवन है। इसलिए अधिकतर लोग मुझे नमस्ते नहीं करते। न ही राम राम कहते हैं।

जो बच्चे इस सोसाइटी में रहते हैं अपने माँ-बाप की नक़ल करके वह भी न तो किसी बुज़ुर्ग का सम्मान करते हैं न ही नमस्ते करते हैं। परन्तु इन बच्चों में एक बच्चा ऐसा था जो हर बुज़ुर्ग को प्रणाम करता था। मुझे वह बच्चा जब भी मिलता था हाथ जोड़कर नमस्ते कहता था। उसके नमस्ते के जवाब में मेरे मन से सदैव उसके लिए शुभकामना का संचार होता था। सोसाइटी में और भी बहुत बच्चे हैं। परन्तु कभी किसी और बच्चे को मैंने किसी भी बुज़ुर्ग व्यक्ति का अभिवादन करते हुए नहीं देखा। यह एक ऐसा विलक्षण बच्चा था जो सबको प्रणाम करता था।

एक दिन जब मैं अपने कार्यालय से वापिस अपने घर जा रहा था तो घर के निकट एक चौराहे पर मैंने कुछ लोगों की भीड़ देखी। पता लगा किसी बच्चे को कोई कार वाला चोट मार कर चला गया है। भीड़ तो बहुत लोगों की थी परन्तु उस बच्चे की सहायता कोई नहीं कर रहा था। मैंने देखा कि यह तो वही बच्चा है जो मुझे मिलने पर प्रणाम करता है। मैं न तो उस बच्चे का नाम जानता था न ही उसके घर का मुझे पता मालूम था। मैंने तुरन्त उस बच्चे को उठाया और निकट स्थित रोहिणी के सरोज हस्पताल में दाखिल करा दिया। बच्चे का फोटो मैंने अपने मोबाइल में कैद कर लिया।

हो न हो यह बच्चा अवश्य हमारी सोसाइटी में ही रहता होगा। ऐसा अंदाज़ा लगाकर मैं उस बच्चे का फोटो सबको दिखा कर उसके माता पिता को ढूंढने लगा। किसी निवासी ने उस बच्चे को नहीं पहचाना। अंत में सोसाइटी के एक चौकीदार ने बताया कि यह बच्चा एक ग़रीब परिवार का है और उसकी माँ फ्लैट नम्बर xyz में काम करती है। बच्चा हर रोज़ अपनी माँ के साथ सोसाइटी में आता था। फ्लैट नम्बर xyz के मालिक ने बच्चे को पहचान लिया और बताया कि उसकी माँ रजापुर में एक झुग्गी में रहती है। मैं तुरन्त उसकी माँ को लेकर हस्पताल गया। चोट अधिक नहीं थी लेकिन खून बहुत बह जाने के कारण बच्चा कमज़ोरी महसूस कर रहा था। समय से सहायता पहुँचने से उसकी जान बच गई।

यह उस बच्चे के अच्छे आचरण का परिणाम था जो उसे समय रहते सहायता मिल गई। सोसाइटी में रहने वाले पढ़े लिखे और अमीर खानदान के बच्चे किसी बुजुर्ग को प्रणाम नहीं करते थे लेकिन एक बहुत ही ग़रीब परिवार

का बच्चा सबको प्रणाम करता था। यह संस्कार पढ़ाई या अमीरी से नहीं प्राप्त होता, यह होता है माँ-बाप की शिक्षा से। यदि उसके स्थान पर सोसाइटी का कोई अन्य बच्चा होता तो शायद मैं उसे पहचान नहीं पाता। इस घटना से मैंने एक सबक सीखा कि व्यक्ति का शिष्टाचार उसकी एक अलग पहचान बनाता है। सोसाइटी में रहने वाले अमीर और घमण्डी परिवार के बच्चों की कोई पहचान नहीं थी। इस ग़रीब बच्चे की पहचान उसके शिष्टाचार ने बनाई थी। अत; हर माँ-बाप को अपने बच्चों को शिष्टाचार अपने स्वयं के कार्यों के माध्यम से सिखाना चाहिए। यदि माँ-बाप दूसरों का सत्कार करेंगे तो उनके बच्चे भी उनका अनुकरण करेंगे। शिष्टाचार बड़ी बातों से या बड़े कामों से नहीं आता। जीवन की छोटी छोटी बातों में ही बड़ा शिष्टाचार छुपा होता है।

बोलचाल में शिष्टाचार का बहुत कम लोग नियम से पालन कर पाते हैं। लोग अभिवादन के सामान्य व्यवहार तक से बचना चाहते हैं और बोलते समय आदर सूचक शब्दों की भी कंजूसी करते हैं। जबकि 'नमस्ते' 'नमस्कार' या 'प्रणाम' कहने में किसी का कुछ नहीं जाता। महज इतना करने भर से सामने वाले व्यक्ति को लगता है कि उसे सम्मान दिया जा रहा है। संचार के नए माध्यम और नई तकनीक के आ जाने से भी शिष्टाचार के भावों में कमी आ गई है। आज हम नमस्ते, नमस्कार, कैसे हो, धन्यवाद, कृपया आदि शब्दों का प्रयोग करना भूलते जा रहे हैं। इसके साथ ही बड़ों का सम्मान करने, उनका आशीर्वाद लेने, बड़ों की अनुमति लेने की प्रथा भी समाप्त होती जा रही है। माँ-बाप को चाहिए के बच्चों को इन शब्दों का महत्व समझाएं ताकि बड़े होकर उनके व्यक्तिव में सकारात्मक गुण आएँ।

13. बच्चों की गलतियाँ और माँ-बाप का व्यवहार

गलती कौन नहीं करता? बच्चों से भी गलतियाँ हो जाती हैं। प्रश्न यह है कि गलती कैसी है और क्यों हुई है। यदि पढ़ाई लिखाई रो सम्बन्धित, पड़ोस के बच्चों से लड़ाई से सम्बन्धित, खाना न खाने, होम वर्क न करने से सम्बन्धित गलती है तो यह बच्चों के लिए रोज़ की दिनचर्या है। थोड़ा सा समझाने से बच्चे ऐसी गलतियाँ दुबारा नहीं करते। परन्तु गंभीर समस्या तब उत्पन्न होती है जब माता पिता स्वयं ग़लत कार्यों में बच्चों के सहायक बन जाते हैं। जानभूझ कर या अनजाने में बच्चा जब चोरी करता है, झूठ बोलता है, स्कूल से भाग जाता है, दूसरे बच्चों की चीज़ें छीन लेता है तो अधिकांश माँ-बाप बच्चों की गलती यह कहकर टाल देते हैं कि यह अभी छोटा है, ना समझ है

बड़ा होगा तो सीख जाएगा। माँ-बाप यह भूल जाते हैं कि जो चीज़ें बच्चे बचपन में सीखते हैं वह सीख जीवन भर याद रहती है और वह उसी का अनुसरण करते रहते हैं। बच्चों की ऐसी ग़लतियों को नज़र-अंदाज़ करना एक ऐसी भूल है जो न केवल बच्चों का जीवन बर्बाद कर सकती है बल्कि माँ-बाप को भी मुसीबत में डाल सकती है। कुछ गलतियाँ ऐसी होती हैं जो अपराध की श्रेणी में आ जाती हैं।

प्यार और संरक्षण देने की भावना से माँ-बाप द्वारा छोटी मोटी गलती को नज़र-अंदाज़ करना तो समझ में आता है। ऐसी स्थिति में बच्चों को छोटी मोटी सज़ा भी दी जा सकती है। अगर छोटी गलती की सज़ा बड़ी होगी तो बच्चे के मन में डर पैदा हो जाएगा। फिर वह अपनी ग़लतियों को छुपाने लगेगा घर वालों से नराज़ हो जाएगा, उसकी मानसिक स्थिति बिगड़ने लगेगी। ऐसे हालात में अगर वह किसी बाहरी व्यक्ति की प्यार भरी बातों में आ गया तो वह उस पर विश्वास करने लगेगा। हो सकता है यह बाहरी व्यक्ति कोई अपराधी हो तो बच्चा बड़ा होकर अपराधी भी बन सकता है।

होता क्या है कि माँ-बाप बच्चों को गलती का अहसास नहीं करवाते और उसे सज़ा देना आरम्भ कर देते हैं। बिना अहसास के बच्चा गलती की वजह नहीं समझ पाता इसलिए वह अपनी गलती के दुष्परिणामों से अनभिज्ञ रहता है। सज़ा देने से पहले बच्चे को उसकी गलती की गंभीरता और उसके दुष्परिणामों से अवगत कराना आवश्यक होता है। इसके उल्टा माँ-बाप बच्चे को काबू में रखने के लिए उस पर तरह तरह की पाबंदियाँ लगा देते हैं। परिणाम स्वरूप बच्चा और अधिक बेकाबू होने लगता है। बच्चों को यह बताने का प्रयास किया जाना चाहिए कि उनको क्या करने को कहा जा रहा है और ऐसा न करने पर उसका क्या परिणाम हो सकता है। जब तक सही बात बच्चे के दिमाग में नहीं बैठेगी बच्चा गलती करता रहेगा।

सबसे आवश्यक है कि माता पिता बच्चों की ग़लतियों को कभी छुपाने की कोशिश न करें। इससे बच्चों को अधिक गंभीर गलतियाँ करने का प्रोत्साहन मिलता है। धीरे धीरे बच्चा ऐसी गलतियाँ करने लगता है जिनको सुधारना माँ-बाप के हाथ में नहीं होता। फिर कानून अपना कार्य करने लगता है। एक बार कानून के शिकंजे में आ जाने के बाद बच्चों का अपराधी बन जाना तय है। अपराधी बच्चा बड़ा होकर जुर्म की दुनिया में प्रवेश कर जाता है। वह समाज को ही कष्ट नहीं पहुँचाता बल्कि अपने माँ-बाप और सगे सम्बन्धियों का भी शत्रु बन जाता है।

14. बच्चों की तुलना दूसरे बच्चों से करना

सभी बच्चे एक समान नहीं होते। एक ही घर में पैदा हुए दो बच्चे आपस में बिल्कुल भिन्न हो सकते हैं। एक बच्चा पढ़ाई में, खेल कूद में होशियार हो सकता है तो दूसरा बच्चा संगीत या पैंटिंग में दक्ष हो सकता है। एक बच्चा बड़ा होकर अपराधी बन जाता है तो दूसरा थानेदार बन सकता है। यह कोई किस्मत का खेल नहीं हैं। यह निर्भर करता है कि माता पिता ने किस बच्चे के व्यक्तिव के विकास में क्या योगदान दिया। प्रायः होता क्या है कि माता पिता बच्चों की उपलब्धियों की प्रशंसा करने के स्थान पर उनसे और अधिक अच्छा करने की अपेक्षा करने लगते हैं। उनकी तुलना दूसरे बच्चों से कर के अपने बच्चे को शर्मिंदा करने लगते हैं। इस दृष्टिकोण से माता पिता बच्चों में हीन भावना पैदा कर देते हैं। हीन भावना से ग्रस्त बच्चा सदैव दूसरों को महान और स्वयं को हीन समझने लगता है। बच्चों के मन को चोट पहुँचती है और उनमें तनाव पैदा हो जाता है। अगर यह तुलना बच्चे के भाई या बहन से की जाती है तो बच्चा मन ही मन उनका भी दुश्मन बन जाता है।

रमेश का बेटा राहुल अपनी दसवीं कक्षा की परीक्षा के लिए दिन रात मेहनत कर रहा था। ना उसे खाने का होश था न खेलने का, उसका एक ही उद्देश्य था दसवीं कक्षा में अच्छे नम्बरों से पास होना। परीक्षा में उसने 80% अंक प्राप्त किए। ख़ुशी-ख़ुशी घर पहुँच कर वह यह सूचना अपने माता पिता को देना चाहता था। पिता घर पर नहीं थे उसने अपना परीक्षा फल अपनी माँ को बताया तो उसकी माता बहुत प्रसन्न हो गई। उसे प्यार किया और शाबाशी दी। इतनी देर में उसके पिता रमेश भी घर पहुँच गए। उसने परीक्षा फल को सरसरी नजर से देखा और एक तरफ रख दिया। न बच्चे को शाबाशी दी न कुछ कहा। राहुल की माँ ने अपने पति से कहा बेटे ने अच्छे अंको से परीक्षा पास की है कुछ तो कहो।

रमेश गुस्से में बोला क्या कहूँ? राहुल ने मेरी नाक कटा दी है। सुरेश के बेटे नितिन के इस परीक्षा में 95% अंक आए हैं। वह मेरा सहायक है और मैं उसका बोस हूँ। पूरे कार्यालय में मेरा अपमान हुआ है। इतना सुनते ही राहुल रोने लगा और घर से भाग गया। राहुल की माँ भी रोने लगी। अच्छे अंक से परीक्षा पास करने के बाद राहुल आशा कर रहा था कि घर में उसकी प्रशंसा होगी, माँ-बाप उससे प्यार करेंगे और उसका उत्साह बढ़ाएंगे। परन्तु हुआ सब कुछ उससे उल्टा। न उसकी प्रशंसा हुई न शाबाशी मिली उसका अपमान अलग से हो गया।

रमेश को जब यह मालूम हुआ कि सुरेश के बेटे नितिन ने परीक्षा में नक़ल की थी तो उसे बहुत पछतावा हुआ। परन्तु अब पछताये होत क्या जब चिड़िया चुग गई खेत।

अब बहुत देर हो चुकी थी राहुल अपने पिता से नफरत करने लगा था। उसने नितिन से दोस्ती कर ली। नितिन की नीयत तो पहले ही खराब थी उसके साथ मिलकर राहुल भी उसके नक्शे कदम पर चलने लगा।

जरा सोचें ऐसा क्यों हुआ? माँ-बाप बच्चों से अनावश्यक उम्मीदें करने लगते हैं। हो सकता है माँ-बाप अपनी दबी हुई इच्छाओं को, जो वह स्वयं पूरा नहीं कर पाए, अपने बच्चों के माध्यम से पूरा करना चाहते हों। या अपने अहम के कारण समाज में सर्वश्रेष्ठ दिखना चाहते हों। अभी हाल ही में एक 14 वर्षीय बालक ने नॉएडा में अपने माँ-बाप की हत्या केवल इसलिए कर दी कि वे सदैव उसकी बहन की प्रशंसा करते थे। उसकी तुलना बहन से करके उसका अपमान करते थे।

बच्चों की तुलना सदैव अच्छे कार्य करने के लिए की जानी चाहिए न कि उनका तिरस्कार करने के लिए। अच्छे कार्य करने की प्रेरणा बच्चों की प्रशंसा करने और उन्हें उत्साहित करने से प्राप्त होती है। यदि बच्चों की तुलना केवल उनकी कमज़ोरियाँ बताने के लिए की जाए तो धीरे धीरे बच्चे यह समझने लगते हैं कि दूसरे बच्चे उनसे बेहतर हैं और वह स्वयं किसी काम के नहीं हैं। जब बच्चे के मन में ऐसे विचार आते हैं तो बच्चे की शिक्षा और व्यक्तिव का विकास रुक जाता है। लगातार की गई तुलना बच्चे के लिए बोझ बन जाती है। बोझ तले दबा व्यक्तिव कभी उभर नहीं पाता।

अतः माता पिता को चाहिए की बच्चों की तुलना करने के स्थान पर उनसे प्यार से पेश आएँ, बातचीत करके उनकी समस्या को समझने का प्रयास करें और उसके समाधान में बच्चों का सहयोग करें।

15. आदर्श माँ-बाप

पारिवारिक वातावरण केवल उपर लिखित बातों को पढ़ने, सुनने, कहने से नहीं बनता। इसमें बहुत कुछ करने की आवश्यकता होती है। समाज में प्रत्येक परिवार की एक साख होती है जो पीढ़ियों से चली आती है। हर परिवार की अपनी धारणाएं होती हैं, विचार होते हैं, धर्म होता है और कुछ परिवारों में तो परम्परागत रूढ़ियाँ भी होती हैं। कालान्तर में इनका प्रभाव बच्चों के विकास पर पड़ता रहता है। स्कूल में तो बच्चा केवल 4-5 घन्टे ही रहता है और अधिक समय वह अपने घर में ही बिताता है। जिन परिवारों में बच्चों पर पारम्परिक रूढ़ियों को निभाने का दबाव बना रहता है वे बच्चे जीवन की दौड़ में पिछड़ जाते हैं। आधुनिक युग में परम्परागत विचारों अथवा रूढ़ियों का निर्वाह करना कभी कभी संभव नहीं हो पाता। ऐसी स्थिति में बच्चों की ज़िम्मेदारी अभिभावकों पर आ जाती है। बुरे परम्परागत संस्कार या समाजिक रूढ़ियाँ बच्चों के लिए बड़े शत्रु हैं।

अत: बच्चों के विकास के लिए सबसे आवश्यक है घर का अनुकूल वातावरण। जिसकी सबसे बड़ी ज़िम्मेदारी होती है पिता की।

मनोवैज्ञानिकों का मानना है की हर घर में बच्चे घरेलू वातावरण का अनुसरण करते हैं जिसमें पिता की भूमिका का विशेष महत्व होता है। पिता के रहन-सहन, विचारों और आदतों का प्रभाव बच्चों के जीवन पर सर्वाधिक होता है। पिता ही बच्चों का आदर्श होता है और अधिकांश बच्चे पिता का ही अनुसरण करते हैं। यदि पिता का व्यक्तिव दोषपूर्ण है तो उसके बच्चों का जीवन भी दोषपूर्ण बन जाएगा। आदर्श पिता के बच्चे ही सुखी, समृद्ध और उन्नतशील हो सकते हैं।

केवल पिता और माता का आचरण ही बच्चों के जीवन को प्रभावित नहीं करता। घर का वातावरण बनाने में अन्य तत्वों का भी प्रभाव पड़ता है। उधारण के तौर पर घर की दीवारों पर लगे हुए चित्र ही अपना प्रभाव बच्चों पर डालते हैं। यदि यह चित्र अश्लील, कामोत्तेजक, सस्ते रूप लावण्य सुन्दरियों या सिनेमा की अभिनेत्रियों के हैं, सिगरेट पीते या शराब पीते हुए लोगों के हैं तो निश्चित रूप से घर का वातावरण दूषित बनेगा जिसका दूषित प्रभाव बच्चों के जीवन पर पड़ेगा। इसके विरीत यदि घर में महापुरुषों के चित्र हैं, वीर युवकों या वीरांगनाओं के चित्र हैं तो बच्चों के चरित्र निमार्ण में इनका विशेष प्रभाव पड़ता है। इसी प्रकार जिन परिवारों में कलह या लड़ाई झगड़ा होता रहता है, मदिरा पान होता रहता है अथवा जिन परिवारों में बच्चों या नौकरों को गंदी गंदी गालियाँ दी जाती हैं, उन्हें तरह तरह से दुखी किया जाता है और उन्हें मारा पीटा जाता है तो उस परिवार के बच्चे दुष्ट और निर्मम प्रवुति के हो जाएंगे। परिवार के लोग किस प्रकार के वस्त्र धारण करते हैं इसका प्रभाव भी बच्चों पर परोक्ष रूप से पड़ता है। कामुक वस्त्र पहनना, नए ज़माने के सैंट, खुशबूदार क्रीम लगाकर सज-धज कर निकलने वाले परिवारों के बच्चे भी इससे प्रभावित होकर कामुक प्रवृति के बन जाएंगे। आजकल समाचर पत्र नाबालिग युवकों द्वारा किए गए दुष्कर्मों से भरे रहते हैं। उन माँ-बाप की हालत का अंदाज़ा लगाइए जिनके नाबालिग बच्चों को दुष्कर्मों के लिए राज़ा मिल जाती है।

कुछ पाना है तो कुछ त्याग तो करना ही पड़ेगा। अभिभावक जब तक अपने अच्छे आचरण के माध्यम से घर का वातावरण अच्छा नहीं बनाएंगे तब तक उन्हें अपने बच्चों से कुछ अच्छा कर दिखाने की आशा नहीं करनी चाहिए।

3

स्कूल का वातावरण

पहले ज़माने में स्कूल एक राष्ट्र निर्माण की संस्था के रूप में कार्य करते थे जहाँ शिक्षक गुरू और छात्र शिष्य के रूप में जाने जाते थे। गुरू निस्वार्थ भाव से अपने शिष्यों के उत्थान में अपना पूर्ण सहयोग देते थे। बदले में शिष्य अपने गुरू के लिए सब कुछ समर्पित करने को उद्यत रहते थे। समय के साथ साथ स्कूलों का स्वरूप बदल गया और आज स्कूल एक धन अर्जित करने का उद्योग बन गया है। आजकल स्कूल कॉर्पोरेट कम्पनी की तरह चलाए जाते हैं जिनका उद्देश्य केवल धन कमाना है। छात्रों से अधिक से अधिक फीस लेने के नए-नए बहाने ढूंढे जाते हैं। वातानुकूलित क्लास रूम, कंप्यूटर, डिजिटल व्यवस्था से स्कूलों को आकर्षित बनाया जाता है और एक विज्ञापन के रूप में इनका इस्तेमाल किया जाता है। अधिक से अधिक धन कमाने के लिए स्कूल प्रबन्धन हर प्रकार के हथकंडे अपनाते हैं। यहाँ तक कि शिक्षकों की नियुक्ति भी योग्यता के आधार पर नहीं की जाती। कम शिक्षित व्यक्तियों को कम सेलरी पर नियुक्त कर लिया जाता है। नियमों को धता बताने के लिए शिक्षकों को अधिक वेतन का भुगतान चैक से किया जाता है परन्तु चैक देने से पहले उनसे नकद राशि वसूल कर ली जाती है। भगवान जाने ऐसे स्कूलों में बच्चों की शिक्षा या उनकी सुरक्षा का कितना ध्यान रखा जाता होगा?

हर अभिभावक चाहे वह ग़रीब हो या अमीर हो अपने बच्चे को अच्छे से अच्छे स्कूल में दाखिल कराना चाहता है। वह इसकी परवाह भी नहीं करता कि स्कूल की शिक्षा सस्ती है या महंगी है। हर अभिभावक अपने बच्चे के भविष्य को सुधारने के लिए बड़ी से बड़ी कुर्बानी करने के लिए तैयार रहता है। व्यवसायिक स्कूल अभिभावकों की इसी भावना का नाजायज़ फ़ायदा उठाते हैं। अत: अभिभावकों को स्कूल का चयन सोच समझ कर करना चाहिए। देश के लगभग आधे शिक्षण संस्थानों को प्रत्यक्ष या अरोक्ष रूप से राजनैतिक नेताओं का संरक्षण मिला हुआ है। इनमें से अधिकांश स्कूलों के मालिक किसी न किसी राजनीतिक दल के साथ जुड़े हुए हैं। ऐसे स्कूलों में बच्चों के साथ हादसा होने पर भी कोई कार्यवाही नहीं हो पाती।

हमारे देश में हर गली कूचे में छोटे छोटे स्कूल खुल गए हैं जो प्राइवेट लोगों द्वारा चलाए जाते हैं। बहुत से स्कूलों को मान्यता भी प्राप्त नहीं होती। कुछ स्कूल तो लोगों ने घरों में खोल रखे हैं। स्कूल में बच्चों के एडमिशन की समस्या का सामना अधिकतर मध्यम परिवार के लोगों को करना पड़ता है। शिक्षा की स्पष्ट राष्ट्रीय नीति के आभाव में स्कूल भी कई प्रकार के होते हैं। जैसे :-

राजकीय स्कूल

राजकीय स्कूलों का संचालन सरकारी तन्त्र द्वारा होता है जहाँ लालफीता शाही का बोलबाला रहता है। इस प्रकार के स्कूलों की फीस तो कम होती है परन्तु इनमें संरचना और सुविधाओं का आभाव होता है। इसमें दो राय नहीं कि सरकारी स्कूलों के अध्यापक सुशिक्षित तथा प्रशिक्षित होते हैं लेकिन उनकी कोई ज़िम्मेदारी नहीं होती। बच्चा पढ़े या न पढ़े शिक्षक की बला से। क्लास रूम में भी उतनी सुविधाएँ नहीं होती जितनी प्राइवेट स्कूलों में होती हैं। वही अभिभावक अपने बच्चों को सरकारी स्कूलों में भेजते हैं जो ज़्यादा फीस का भुगतान नहीं कर पाते। ऐसे स्कूल में बच्चों की सुरक्षा की विशेष व्यवस्था नहीं होती। सरकारी स्कूलों में एडमिशन की समस्या नहीं होती कोई भी बच्चा एडमिशन प्राप्त कर सकता है।

पब्लिक स्कूल/प्राइवेट स्कूल

पब्लिक स्कूल के नाम से धोखा लग जाता है क्योंकि हर सरकारी संस्थान को पब्लिक संस्थान कहा जाता है। इस दृष्टि से ऐसा लगता है मानो पब्लिक स्कूल सरकारी स्कूल

हों। लेकिन होता उल्टा है पब्लिक स्कूल पूरी तरह प्राइवेट होते हैं जिनका संचालन प्राइवेट लोगों के हाथों में होता है। कुछ सहायता–प्राप्त (एडिड) स्कूल होते हैं जिन्हें सरकार से वितीय सहायता प्राप्त होती है। वितीय सहायता प्राप्त स्कूलों को सरकारी नियमों के हिसाब से चलना पड़ता है जबकि पब्लिक स्कूलों का प्रबन्धन निजी लोगों द्वारा किया जाता है।

व्यवसायिक लोगों ने स्कूलों को धन अर्जन का स्रोत बना लिया है। अधिक से अधिक धन अर्जित करने के लिए स्कूलों के नाम भी बड़े आकर्षक रखने लगे हैं जैसे इंटरनेशनल स्कूल या गलोबल स्कूल लेकिन ये सारे प्राइवेट स्कूल ही होते हैं। जैसे उद्योगपति उद्योगों में धन का निवेश करके लाभ कमाते हैं उसी प्रकार धनकुबेर स्कूलों में निवेश करके केवल धन कमाने के लिए स्कूल खोलते हैं न कि शिक्षा स्तर को सुधारने या बच्चों के विकास के लिए। बात बात पर अभिभावकों से पैसे वसूल करने के नए-नए तरीके ढूंढ लिए जाते हैं। अभिभावक भी अपनी शान में आकर बच्चों को इसी प्रकार के स्कूलों में एडमिट कराने के लिए उत्साहित होते हैं।

सरकारी स्कूलों के लाभ और हानियाँ

» सरकारी स्कूलों में फीस नाम मात्र ली जाती है। अतः ग़रीब व्यक्ति अपने बच्चों को शिक्षा प्रदान कर सकते हैं। भारत में अधिकांश बच्चे सरकारी स्कूलों में ही पढ़ते हैं।

» इन स्कूलों में केवल मूल सुविधाएँ ही उपलब्ध होती हैं। छात्रों के सर्वांग विकास की व्यवस्था, जैसे खेलों का सामान, स्वास्थ सम्बन्धी व्यवस्था, टूर्नामेंट, आदि का आभाव होता है। इन स्कूलों में साफ़ सफाई और पीने के पानी की समस्या भी रहती है। शौचालयों की हालत भी ठीक नहीं होती।

» सरकारी स्कूलों के अध्यापक प्रशिक्षित होते हैं परन्तु उन पर अध्यापन के अतिरिक्त बहुत से अन्य कार्य सरकार द्वारा थोप दिए जाते हैं जिससे वे बच्चों की पढ़ाई पर पूरा ध्यान नहीं दे पाते। प्रतियोगिता के ज़माने में इन स्कूलों के बच्चे पिछड़ जाते हैं।

» इन स्कूलों का पाठ्यक्रम निर्धारित नियमों के अनुसार होता है।

» स्कूल की बिल्डिंग, क्लास रूम का फर्नीचर गुज़ारे लायक होता है।

» स्कूल आने जाने की व्यवस्था छात्रों को स्वयं करनी होती है।

पब्लिक/प्राइवेट स्कूल के लाभ हानियाँ

» इनकी बिल्डिंग को देखकर लगता है मानो पांच सितारा होटल हो। बिल्डिंग देखकर ही अभिभावक मोहित हो जाते हैं।

» वातानुकूलित क्लास रूम। डिजिटल बोर्ड, सुंदर डेस्क और चमकता हुआ परिवेश।

» खेल के मैदान, सभी सुविधाएँ, बच्चों के खाने की व्यवस्था, इमरजेंसी में डाक्टर की सुविधा।

» एडमिशन बहुत कठिन। बच्चों की परीक्षा, अभिभावकों का साक्षात्कार और डोनेशन की ताक़त से एडमिशन होता है।

» वार्षिक फीस 50,000 से लेकर दो लाख तक हो सकती है।

» मन-मर्ज़ी की फीस और मन-मर्ज़ी का पाठ्यक्रम।

» अधिकतर शिक्षक ठेके पर काम करते हैं। राजकीय नियमों के अनुसार उन्हें वेतन नहीं दिया जाता।

» यातायात कि व्यवस्था स्कूल करता है परन्तु बहुत महंगी होती है।

अभिभावक बच्चों को स्कूल में शिक्षा ग्रहण करने के लिए भेजते हैं। हर माँ-बाप चाहता है उनका बच्चा पढ़ लिख कर एक अच्छा इंसान बने। इसलिए वे अपने बच्चों को अच्छे से अच्छे और महंगे से महंगे स्कूल में भेजना चाहते हैं। हमारे देश में शिक्षा को व्यवसाय नहीं बल्कि सेवा समझा जाता था। जब तक शिक्षा को सेवा समझा जाता रहा, तब तक स्कूलों को मन्दिर और बच्चों के लिए सबसे सुरक्षित माना जाता था। अब शिक्षा एक व्यवसाय बन गया है। बनिये की दुकान जिसका कार्य केवल अधिक से अधिक लाभ कमाना है। शिक्षा का वास्तविक अर्थ न तो अभिभावक समझते हैं और न ही अध्यापक समझते हैं। माँ-बाप अपने बच्चे को स्कूल में दाखिल करके अपने कर्तव्य की इतीश्री कर लेते हैं और शिक्षक किताबी ज्ञान दे कर अपना कर्तव्य निभा लेते हैं। बच्चे ने स्कूल में क्या सीखा इससे किसी को कोई लेना देना नहीं होता।

शिक्षा का अर्थ होता है जीवन का सम्पूर्ण विकास। स्वामी विवेकानंद के अनुसार "मनुष्य में जो सम्पूर्णता सुप्त रूप में विद्यमान है उसे प्रत्यक्ष करने का कार्य शिक्षा का है।" प्लेटो के अनुसार "देह और आत्मा में अधिक से अधिक जितने सौन्दर्य और जितनी सम्पूर्णता का विकास हो सकता है, इसे सम्पन्न करना ही शिक्षा का उद्देश्य है।"

महात्मा गाँधी के अनुसार "मनुष्य सीखना चाहे तो उसकी हर एक भूल उसे कुछ शिक्षा दे सकती है।"

उक्त महापुरुषों के अनुसार तो स्कूल अथवा विद्यालय को देश का सर्वश्रेष्ठ संस्थान होना चाहिए। परन्तु वास्तविक स्थति हम सबको ज्ञात है। सरकारी स्कूलों की दशा ऐसी है कि उन स्कूलों के प्रबन्धक, अध्यापक और प्रिंसिपल भी अपने बच्चों को सरकारी स्कूल में पढ़ाने को तैयार नहीं हैं। ये सब अपने बच्चों को प्राइवेट पब्लिक स्कूलों में पढ़ाते हैं।

स्कूल में बच्चे की सुरक्षा

हर व्यक्ति अपने बच्चे को अच्छी से अच्छी शिक्षा देना चाहता है। महंगे से महंगे स्कूल में एडमिशन भी ले लेता है। परन्तु उसके बाद चादर तान के सो जाता है। बच्चे के साथ स्कूल में क्या होता है उसे तब पता लगता है जब कोई घटना या दुर्घटना घट जाती है। यदि आप बच्चे की सुरक्षा चाहते हैं तो आपको बहुत सी बातों का ध्यान रखना होगा:

1. **घर से स्कूल की दूरी :** बच्चे को बहुत अच्छे (जितना महंगा स्कूल उतना ही अच्छा लगता है) स्कूल में दाखिला दिलाने के चक्कर में ऐसे स्कूल में दाखिला मत करवाएं जो घर से बहुत दूर हो। एक तो बच्चे का आने जाने में बहुत समय नष्ट होता है जिसके कारण न तो वह खेलने का समय निकाल पाता है ना ही होम वर्क ढंग से कर पाता है। इससे बच्चे के स्वास्थ पर बुरा प्रभाव पढ़ता है। यदि बच्चे के साथ कोई अनहोनी हो जाए तो माँ-बाप बिना समय गवाए स्कूल में तुरन्त नहीं पहुँच सकते।
2. **स्कूल सम्बन्धी जानकारी :** अभिभावक स्कूल की चमक-धमक और उसके बड़े नाम से ही प्रसन्न हो जाते हैं। स्कूल के बारे में अधिक जानकारी लेना आवश्यक नहीं समझते। अभिभावकों को स्कूल की अधिक से अधिक जानकारी प्राप्त करनी चाहिए।
3. **वातावरण :** स्कूल का वातावरण बच्चों की सुरक्षा के लिए बहुत महत्वपूर्ण होता है। स्कूल का माहोल ऐसा होना चाहिए जिसमें बच्चों के दिमाग में किसी प्रकार का भय न हो। यह भय पढ़ाई का नहीं बल्कि स्कूल के कर्मचारियों के व्यवहार के कारण उत्पन होता है। बहुत सख्त व्यवहार से बच्चे डरते रहते हैं और स्कूल कर्मचारियों की हर बात को स्वीकार करने लगते हैं। कुछ बच्चे

डर के कारण ही यौन शोषण के शिकार हो जाते हैं। अभिभावकों को समय समय पर स्कूल जाकर स्कूल के वातावरण की जानकारी लेते रहना चाहिए।

4. **स्कूल का मालिक कौन है :** कहने को तो स्कूल की व्यवस्था प्रिंसिपल के पास होती है लेकिन वास्तव में स्कूल का मालिक कोई और होता है और प्रिंसिपल केवल अन्य कर्मचारियों की भांति एक कर्मचारी ही होता है। मालिक की आज्ञा का पालन करना उसका कर्तव्य होता है। अत: यह जानना आवश्यक है कि स्कूल को चला कौन रहा है? स्कूल कोई शैक्षणिक संस्था चला रही है या स्कूल का मालिक कोई उद्योगपति है? यदि मालिक कोई उद्योगपति है तो अभिभावकों को अधिक सावधान रहने की आवश्यकता है। उद्योगपति का उद्देश्य केवल धन कमाना होता है। अधिक धन कमाने के चक्कर में बच्चों की सुरक्षा, शिक्षकों के प्रशिक्षण तथा अन्य क्षेत्रों में समझोता किया जा सकता है।
5. **सी.सी.टी.वी. :** कहने को तो हर जगह सी.सी.टी,वी कैमरे लगे होते हैं लेकिन ऐकांत स्थानों, वाशरूम, गैलरी, खेल के मैदान, बच्चों के आने जाने के मार्ग पर धन बचाने के लिए इनका प्रयोग बहुत कम दिखाई देता है। अभिभावकों को स्कूल प्रबन्धन से इस विषय पर खुल कर बात करनी चाहिए।
6. **आपात स्थिति :** क्या स्कूल में आपात स्थिति से निपटने की व्यवस्था है?
7. **ज़िम्मेदार अधिकारी :** स्कूल की हर मंज़िल पर एक अधिकारी होना चाहिए जिसके ज़िम्में बच्चों की सुरक्षा का दायित्व हो।
8. **स्कूल की बसें :** क्या स्कूल की बसें बच्चों को स्कूल के गेट के अन्दर उतारती हैं या गेट के बाहर।
9. क्या स्कूल बस में कोई ज़िम्मेदार कर्मचारी होता है जो यह सुनिश्चित करे कि हर बच्चा सुरक्षित ढंग से स्कूल पहुँचे या स्कूल से घर पर पहुँचे।
10. **चिकित्सा सुविधा :** स्कूलों में चिकित्सा सुविधा नाम भर की होती है। डॉक्टर की उपस्थिति आम तौर पर नहीं होती। डॉक्टर को केवल जरुरत के समय फोन करके बुलाया जाता है।

स्कूलों में पढ़ाई के अतिरिक्त बहुत कुछ होता है

उपर्युक्त बातें तो प्रत्यक्ष, समक्ष और आंखों के सामने रहती हैं, जिन्हें देखा, सुना और परखा जा सकता हैं। किन्तु बच्चों की बहुत सी हरकतों को माँ-बाप देख नहीं पाते। उन्हें इन हरकतों का तब पता लगता है जब बच्चे के साथ कुछ अनहोनी घटना घट

जाती है। आजकल अधिकांश प्राइवेट स्कूलों में अच्छे से अच्छे इंतज़ाम किए जाते हैं। इसलिए इन स्कूलों की कक्षा को स्मार्ट क्लास रूम कहा जाता है। स्मार्ट क्लास रूम में आधुनिक टेक्नोलॉजी के उपकरण होते हैं। इन कक्षाओं में कंप्यूटर, लैपटॉप, विडियोस, डी.वी.डी और श्वेत पटल स्मार्ट बोर्ड होते हैं। बच्चों की पूरी पढ़ाई नई तकनीक से की जाती है जहाँ न तो नोट्स बनाने की आवश्यकता होती है न ही कुछ लिखने की। बस अपने अपने लैपटॉप, स्मार्ट फोन या किसी अन्य उपकरण पर कोपी और पेस्ट करते रहो और कक्षा की पढ़ाई समाप्त। घर जाकर इन्हीं उपकर्णो के माध्यम से पाठ याद करो, होम वर्क करो। न शिक्षक से कुछ प्रश्न पूछने की ज़रुरत है न ही शिक्षक को प्रश्नों का उत्तर देने की ज़रुरत है। जो कुछ पूछना है अपने अपने सिस्टम से पूछो। यह व्यवस्था एक प्रकार से बच्चों को शिक्षकों के आमने सामने होकर अपनी शंकाओं को दूर करने का अवसर नहीं देती। बच्चे मजबूर होकर लैपटॉप पर अपने प्रश्नों का हल ढूंढने लगते हैं। इस प्रक्रिया में बच्चे किस किस साईट पर जाते हैं किसी को ज्ञात नहीं होता। कुछ साइट्स बच्चों का भविष्य बिगाड़ सकती हैं।

अमीर घरानों के बच्चे तो विलासिता भरे जीवन के अभ्यस्त होते हैं। ऐसे बच्चे अक्सर अपने घरों में बड़ी बड़ी पार्टियों का आयोजन आए दिन अक्सर देखते रहते हैं। इन पार्टियों में सिगरेट, तम्बाकू, शराब आदि का खुल कर प्रयोग होता है। बच्चे जो देखते हैं उसका अनुसरण करने का प्रयास करते हैं। जब उन्हें ये चीज़ें प्राप्त नहीं होती तो बच्चे उनका विकल्प ढूंढ लेते हैं। कुछ समय पहले नॉएडा के एक स्कूल में कुछ बच्चे इरेसिंग फ्लूइड को सूंघते हुए पकड़े गए। इस फ्लूइड में नशे के अंश होते हैं। घटना छोटी है परन्तु इसका प्रभाव बहुत गंभीर होता है। इससे बच्चे स्कूल में ही नशा करना सीख लेते हैं। जब बच्चों पर पढ़ाई का दबाव बढ़ता है और माता पिता की अपेक्षा भी उसी अनुपात में बढ़ती रहती है तो बच्चे तनाव में आ जाते हैं। यह तनाव उनके दिल और दिमाग पर छा जाता है। उन्हें कुछ सूझता नहीं। ऐसी स्थति में उन्हें अमीर घरों के बच्चे तनाव से मुक्ति पाने का सरल रास्ता सुझाते हैं। वो खुद तो अपने माँ-बाप को देख कर नशे के आदि हो चुके होते हैं दूसरे बच्चों को भी नशा करने के लिए प्रेरित करते हैं। जरूरी नहीं नशा करने के लिए शराब ही पी जाए। शराब के अतिरिक्त ऐसी अनेक वस्तुएं हैं जिनसे कम कीमत पर नशा किया जा सकता है। बहुत सी वस्तुएं तो हर घर में हर समय मिलती हैं। जैसे खांसी की दवा। खांसी की दवा में कुछ ऐसे तत्व होते हैं जो मदहोशी पैदा करते हैं। लगातार और बार बार इसका सेवन करने से नशा करने की आदत पड़ जाने का भय रहता है। जो बच्चे खांसी का बहाना बनाकर बार बार खांसी की दवा का प्रयोग करते हैं तो माँ-बाप को समझ लेना चाहिए दाल में कुछ काला है।

5-15 वर्ष की आयु बहुत नाज़ुक होती है। इस आयु में बच्चों में नया कुछ जानने, सीखने और नए प्रयोग करने की तीव्र इच्छा होती है। यौवन की दहलीज़ पर खड़े ये बच्चे बहुत कुछ करना चाहते हैं। इस आयु में बच्चे बाहरी समाज के सम्पर्क में आते हैं जहाँ घरेलू नियमों या अनुशासन का प्रतिबन्ध नहीं होता। इसके साथ ही स्कूल में उन्हें नए-नए मित्र मिलते हैं। पैसे धेले की उन्हें चिन्ता नहीं होती। वो तो कुछ नया करने की होड़ में लग जाते हैं। इस आयु में बच्चे अपना जीवन खुद अपने तरीके से जीना चाहते हैं। उन्हें लगता है कि वे अब बड़े हो गए हैं। अपना रास्ता खुद चुन सकते हैं स्कूल में अन्य बच्चों के साथ मिल जाने से वह उनके ऐसे तरीके भी अपनाने लगते हैं जो घर के नियम कायदों के विरुद्ध होते हैं। यदि माँ-बाप रोक टोक करते हैं तो बगावत करने लगते हैं। जब इस प्रकार की स्थिति हो तो अभिभावकों को बहुत धैर्य और शान्त मन से स्थति को सम्भालने का प्रयास करना चाहिए। नहीं तो बच्चे दूसरे बच्चों, जो स्वयं अवयस्क होते हैं, के कहने में आकर ग़लत रास्ता अपना लेते हैं और बुरी आदतों के शिकार हो जाते हैं जिसमें सबसे बुरी बात होती है नशा करना।

यह ज़रूरी नहीं की नशे का सामान घर या स्कूल के बाहर मिलता हो बहुत सी ऐसी वस्तुएं हैं जो नशे का कारण बनती हैं और घर तथा स्कूल दोनों में ही उपलब्ध होती हैं।

स्कूलों में उपलब्ध नशे की वस्तुएं :—

गोंद (Glue)

कहने को तो गोंद का प्रयोग किसी चीज़ को चिपकाने के लिए किया जाता है कुछ गोंद ऐसी होती है जिसका प्रयोग गैरेज, फर्नीचर की दुकान, टायर रिपेयरिंग दुकानों में किया जाता है। इस गोंद में प्रयुक्त रसायन नशे का प्रभाव पैदा करता है। इसके अति ज्वलनशील व उड़नशील रसायन को बच्चे नशे के रूप में प्रयोग करते हैं। वे इसे रुमाल पर डालकर पहले रुमाल को सूंघते हैं बाद में उस रुमाल को चूसने लगते हैं चंद मिनटों में ही बच्चे का मासूम सा दिखने वाला चेहरा नशे के प्रभाव से भयानक दिखने लगता है। आँखें उपर चढ़ने लगती हैं, रंग बदरंग हो जाता है और बच्चा मदहोशी मे झूमने लगता है।

इरेसर फ्लूइड या क्रेक्टिंग फ्लूइड

सफेद रंग का यह रसायन पेपर पर लिखे शब्दों को मिटाने के काम आता है। बच्चे इसका प्रयोग अपनी लिखावट की ग़लतियों को मिटाने के लिए करते हैं। किसी भी

स्टेशनरी की दुकान पर यह बहुत कम कीमत में मिल जाता है। इसकी तीव्र गंध से न केवल कागज़ पर लिखे शब्द मिटते हैं बल्कि यह मानव मस्तिष्क से यादों को भी मिटा देती है। इसको सूंघने मात्र से बच्चे नशे में झूमने लगते हैं। इसका प्रभाव इतना ख़तरनाक होता है कि यह खून में आसानी से मिलकर शरीर के पूरे तन्त्र को प्रभावित कर सकता है। एक दूसरे को देखकर बच्चे इसका उपयोग पहले आनन्द प्राप्ति के लिए करते हैं और बाद में इसके आदि हो जाते हैं। वर्ष 2011 में नॉएडा के एक नामी स्कूल में कुछ बच्चे इसका प्रयोग करते समय सी.सी.टी.वि. कैमरे पर पकड़े गए थे। दिल्ली उच्च न्यालय में एक जनहित याचिका दायर करके इस पर रोक लगाने का अनुरोध किया गया था। दिल्ली सरकार ने इसकी बिक्री पर बैन लगा दिया था परन्तु फिर भी बाज़ार में आसानी से उपलब्ध है।

यह तो एक नमूना है ऐसे अनेकों पदार्थ हैं जिनका प्रयोग बच्चे स्कूलों में या बाहर नशे के लिए करते हैं। कुछ पदार्थों को सूंघ कर नशा प्राप्त होता है जैसे एक खास प्रकार की गोंद, लाईटर की गैस, मारकर, पेंट, थिनर। यह सभी पदार्थ कमरे के तापमान में वाष्पशील बन जाते हैं। बच्चे इन्हें बार बार सूंघते हैं या रुमाल अथवा कपड़े पर डाल कर सांसो के साथ अन्दर खींचते हैं।

कुछ अन्य पदार्थ जो स्प्रे करने के काम आते हैं जैसे डी-ओडरन्ट, मक्खी-मच्छर मारने वाला स्प्रे, बालों का स्प्रे यहाँ तक कि खाना बनाने वाले तेल के स्प्रे का प्रयोग भी बच्चे नशे के रूप में करने लगे हैं।

ऐसे असंख्य पदार्थ है जिनकी जानकारी बच्चों को अपने स्कूल के साथियों, आमीर बच्चों के साथ आने वाले उनके कार ड्राइवरों से मिल जाती है। नहीं तो इन्टरनेट तो है ही बच्चे हर चीज़ की जानकारी इंटरनेट से प्राप्त कर लेते हैं। इसका दुखद विषय यह है कि यह नशीले पदार्थ बिना रोक टोक के बहुत सस्ते दामों में हर जगह उपलब्ध हैं। यहाँ तक कि बहुत से पदार्थ तो हर घर में पाए जाते हैं।

यह सत्य है कि स्कूलों में नशे के मामले बढ़ते जा रहे हैं। समस्या यह है कि भारत में बच्चों की रक्षा के लिए नशीले पदार्थों सम्बन्धित कोई नीति नहीं है। न ही सरकार की तरफ से ऐसा कोई कार्यक्रम है जिसके अन्तर्गत बच्चों और अभिभावकों को सचेत किया जा सके। इस सम्बन्ध में कोई स्पष्ट दिशा निर्देश न तो स्कूलों को दिए जाते हैं और न ही अभिभावकों को इनका ज्ञान होता है। नशीले पदार्थ रखने के जुर्म में बच्चों को सज़ा देने का कानून तो है "Narcotic Drugs and Psychotropic Substances (NDPS) Act 1985. लेकिन Substance Drug Abuse of Children की रोकथाम के लिए कोई स्वास्थ केंद्र कहीं नहीं होता। ग्रामीण क्षेत्रों में तो स्थिति और भी खराब है।

कैसे बचाएं बच्चों को

इससे पहले की बहुत देर हो जाए माँ-बाप को कमान सम्भालनी होगी, उन्हें जागरूक और सतर्क रहना होगा। केवल बच्चों को सज़ा देने से समस्या का समाधान नहीं होने वाला। हो सकता है सज़ा मिलने के बाद बच्चा और भी अधिक नशा करने लगे। सबसे पहले अभिभावकों को उन कारणों का पता लगाना होगा जिसके कारण बच्चे नशा करना आरम्भ कर देते हैं।

यह नहीं कहा जा सकता कि नशा करने के लिए बच्चों के पास कोई एक निश्चित कारण होगा। स्थतियों के अनुसार और परिस्थितियों के अनुसार हर बच्चे का अपना अपना कारण हो सकता है। माँ-बाप को बहुत बड़ी ग़लत फहमी होती है कि स्कूल जीवन तो आनन्दमय होता है। बच्चों को पढ़ने, खेलने, खाने पीने के अतिरिक्त कुछ और नहीं करना पड़ता। उनका जीवन चिन्ता मुक्त होता है। परन्तु आजकल के परिवेश में यह सत्य नहीं है। बच्चों के जीवन में भी अनेक कठिनाइयाँ होती हैं, उन्हें भी तनाव होता है और वे परेशान भी रहते हैं। अपनी परेशानी को दूर करने के लिए बच्चे नशे का सेवन करने लगते हैं। नशा करने का कोई एक कारण नहीं होता जिनमें से कुछ इस प्रकार हैं :–

1. **संगत का प्रभाव :** यदि पड़ोसी का बच्चा माँ-बाप से छुपकर नशीले पदार्थ प्रयोग कर रहा है तो निश्चय मानिये आप का बच्चा भी देर सवेर उसकी चपेट में आ जाएगा। इसके अतिरिक्त दूसरे दोस्त भी बच्चे को मर्दानगी दिखाने के लिए उकसाते रहते हैं। अपने आप को मर्द साबित करने की चुनौती हर बच्चा सहज ही स्वीकार कर लेता है। आपस में मिलकर बच्चों का समूह इसका खूब आन्नद उठाते हैं।
2. **बहादुर बनने का दिखावा करना :** सभी जानते हैं की नशा करने के बाद हर कोई अपने आप को बहादुर समझने लगता है। बच्चे भी इस बीमारी से अछूते नहीं हैं वो भी अपने आप को बहादुर साबित करने के लिए इस बीमारी का शिकार हो जाते हैं।
3. **पढ़ाई की समस्या** : गला काट प्रतिस्पर्धा के माहोल में बच्चों पर प्रतिकूल प्रभाव पढ़ रहा है। पढ़ाई का दबाव बढ़ने के कारण बच्चे अपना ध्यान किसी भी विषय पर केन्द्रित नहीं कर पाते। उन्हें ज़रुरत होती है अपना ध्यान केन्द्रित करने की। कुछ दवाइयाँ मानसिक संतुलन बनाकर पढ़ाई की तरफ ध्यान केन्द्रित करने के लिए उपयोग की जाती हैं। जैसे रितालिन और ऐडराल। इनके अधिक और लम्बे प्रयोग से बच्चों में नशे की आदत पढ़ जाती है।

4. **माँ-बाप का व्यवहार** : यदि माँ-बाप या घर का कोई अन्य सदस्य घर में नशा करते हैं तो बच्चे उनका अनुकरण करने लगते हैं।

5. **बोरियत** : जब बच्चा बोर होता है तो उसे कुछ नया करने की उत्सुकता होती है। बोरियत दूर करने का सबसे आसान साधन होता है मस्त हो जाना और मस्ती का सरल उपाय है नशा करना।

6. **डिप्रेशन या मानसिक उलझन** : जब बच्चा अवसाद अर्थात डिप्रेशन का अनुभव करता है तो जीवन के आवश्यक कार्यों के प्रति उसकी रूचि समाप्त हो जाती है। मानसिक स्थिति को न सम्भाल सकने के कारण भी बच्चे नशे का शिकार हो जाते हैं। बच्चों को नशे से दूर रखने के लिए माँ-बाप को हर समय सतर्क रहने की आवश्यकता होती है नशा करने वाले बच्चों के व्यवहार और व्यक्तिव में कुछ परिवर्तन होता है। माँ-बाप को इन परिवर्तनों पर ध्यान देना होगा। कुछ ऐसे संकेत होते हैं जिनसे माँ-बाप को ज्ञात हो सकता है कि उनका बच्चा नशा कर रहा है। संकेत तो अनेक हो सकते हैं परन्तु कुछ मुख्य संकेत इस प्रकार के होते हैं :–

   » आँखों की पुतलियाँ फूल जाती हैं या लाल हो जाती हैं।

   » बच्चा मूढी बन जाता है।

   » बच्चे के व्यवहार में परिवर्तन हो जाता है।

   » बच्चा अपने शौक पूरे नहीं करता।

   » झूठ बोलने लगता है और चोरी करने लगता है।

   » नए-नए दोस्त बनाता है।

   » बात-बात पर चीखने लगता है।

   » अधिक मात्रा में इतर या खुशबूदार रसायन का प्रयोग करना ताकि नशे की दुर्गन्ध को छुपा सके।

   » लापरवाह होना या उदास रहना।

संकेत तो और भी हो सकते हैं। यदि माता पिता जागरूक और सतर्क हैं तो वह शीघ्र ही अन्य संकेतों को भी पहचान सकते हैं। बाल्यकाल में नशे का आदि होने के भयंकर परिणाम हो सकते हैं। इससे बच्चों के लीवर, किडनी, फेफड़ों को हानि पहुँच सकती है। बच्चे दिमागी तौर पर कमज़ोर हो जाते हैं, चीज़ें भूलने लगते हैं, उनका व्यवहार उग्र व लड़ाकू हो जाता है और मानसिक रूप से परेशान रहने लगते हैं। धीरे धीरे

दोस्त उनसे किनारा करने लगते हैं और बच्चे ऐकाकीपन का शिकार हो जाते हैं। ऐकाकीपन के अपने अलग दुष्परिणाम होते हैं। संक्षेप में कहें तो बचपन की नशे की आदतें बच्चों का जीवन बर्बाद कर सकती हैं।

यह बात तो थी उन नशीली वास्तुओं की जो स्कूल या घर के अन्दर ही बच्चों को मिल जाती हैं। ज़्यादा से ज़्यादा घर या स्कूल के निकट स्थित स्टेशनरी की दुकान से कम कीमत में प्राप्त हो जाती हैं। लिकेन स्कूलों में काम करने वाले कुछ डाक्टरों का कहना है कि 12-15 वर्ष के बच्चों ने हाई ड्रग्स का प्रयोग करना भी आरम्भ कर दिया है, हाई ड्रग्स अर्थात कोकीन, हीरोइन, अल.अस.डी, भांग आदि, पकड़े जाने पर इन बच्चों को वार्निग दे दी जाती है या फिर कुछ दिनों के लिए स्कूल से सस्पेंड कर दिया जाता है। अधिक से अधिक स्कूल प्रबन्धन ऐसे बच्चो को काउन्सलिंग के लिए भेज देते हैं।

लगभग दशक पहले बच्चों में सिगरेट पीने या बीयर पीने की आदतें दिखाई देती थीं परन्तु हाल ही में बच्चों की यह आदतें अधिक भयानक नशे में परिवार्तित हो रही हैं। मूल कारण तो माँ-बाप की लापरवाही या स्वयं उनके द्वारा बच्चों के सामने नशा करना हो सकता है। बाहरी लोगों या स्कूल के साथियों का प्रश्न दूसरे नम्बर पर आता है। सबसे पहले माँ-बाप को अपने उपर संयम रखकर नशे के सेवन को बन्द करना होगा। बच्चे द्वारा नशा करने के संकेत प्राप्त होते ही माँ-बाप को सावधान हो जाना चाहिए। इसका अर्थ यह नहीं कि बच्चे के साथ मार पीट करना आरम्भ कर दें। बच्चे के मन की बात जानने के लिए बड़े धैर्य और शांति की आवश्यकता होती है। बच्चे से प्यार के साथ बात चीत करके उसे अच्छे और बुरे में भेद करना सिखाना होगा। स्कूलों में शिक्षक केवल पाठ्यक्रम पूरा कराने का काम करते हैं। बच्चों के चरित्र निर्माण की बातें प्राय आजकल स्कूलों में नहीं सिखाई जातीं। अत: माँ-बाप को ही पहल करके अपने बच्चों का जीवन सुधारना होगा।

केवल शिक्षकों को दोष देना भी ठीक नहीं। आजकल बच्चों का रुझान कक्षा में बैठ कर नीरस पाठ्यक्रम को पढ़ना कम बल्कि सोशल मीडिया की तरफ अधिक होता जा रहा है। डिजिटल और इन्टरनेट के विषय पर इस पुस्तक में अलग से विस्तार से चर्चा की गई है। यहाँ केवल इतना कहना है कि ये विधाएं बच्चों के ध्यान में व्यवधान पैदा कर रही हैं। बच्चे यह जानने के लिए ज्यादा उत्सुक रहते हैं कि उनके चैट पर क्या हो रहा है, होटस्टार पर क्या नया आया है, व्हाट्स अप्प ग्रुप क्या कहता है। इन सब विधाओं में खोकर ही बच्चे बहुत कुछ ऐसा सीख रहे हैं जो उन्हें इस उम्र में नहीं सीखना चाहिए।

यातायात की व्यवस्था

एक बहुत बड़े नामी ग्रामी स्कूल में एडमिशन दिला देने के पश्चात् माँ-बाप का सीना चोड़ा हो जाता है। वह गर्व से कहते हैं कि हमारा बच्चा शहर के सबसे उत्तम और सबसे महंगे स्कूल में पढ़ता है भले ही वह स्कूल घर से मीलों दूर शहर के बाहर स्थित हो। ऐसी स्थति में बच्चों को स्कूल ले जाने और स्कूल से घर लाने के लिए कार, वैन या बस की व्यवस्था की जाती है। यहाँ पर भी स्कूलों का बोलबाला है। स्कूल बैंक से लोन लेकर अपनी बसें खरीद लेते हैं और उनकी किश्तें चुकाने का पैसा अभिभावकों से ब्याज़ सहित वसूल करते हैं। बच्चों से प्रति माह हज़ारों रूपये बस के नाम पर वसूले जाते हैं और अभिभावक ख़ुशी-ख़ुशी इसका भुगतान कर देते हैं। परन्तु यह देखने का कष्ट नहीं करते कि जिस बस में बच्चे को स्कूल में भेजा जा रहा है वह सुरक्षित है भी या नहीं। कुछ बातों पर ध्यान देना बहुत जरूरी होता है :–

» यदि आप स्वयं बच्चों को स्कूल छोड़ने जाते हैं तो बच्चों को स्कूल के गेट के बाहर नहीं बल्कि स्कूल के अन्दर तक छोड़कर आएँ। यदि गेट कीपर या सुरक्षा गार्ड आपत्ति करे तो स्कूल के किसी अन्य ज़िम्मेदार कर्मचारी को सूचित करें।

» स्कूल द्वारा दिया गया परिचय–पत्र बच्चे के पास सदैव होना चाहिए।

» सुनिश्चित करें कि आपका बच्चा अपना पूरा नाम, आपका पूरा नाम, घर का पता, आपका फोन नम्बर, घर का फोन नम्बर जानता है।

» यदि बच्चा बहुत छोटा है तो यह सूचना उसकी स्कूल की डायरी में उपलब्ध होनी चाहिए। ध्यान रखें ऐसी सूचना बच्चे की वर्दी पर या उसके बैग पर नहीं लिखनी चाहिए। शरारती तत्व इस सूचना का न केवल नाजायज़ लाभ उठा सकते हैं बल्कि आपके बच्चे को बहला फुसला कर उसका शोषण भी कर सकते हैं।

» यदि बच्चा स्कूल बस में आता जाता है तो अभिभावक यह सोच कर निश्चिन्त हो जाते हैं कि स्कूल की बस में बच्चा सुरक्षित रहेगा। यह ग़लत फहमी भी हो सकती है। हाल ही में बच्चों के साथ कुछ हादसे या तो स्कूल बसों में हुए हैं या बस कर्मचारियों द्वारा किए गए हैं।

» स्कूल सभी बसें खुद नहीं चलाता। कुछ बसें ठेके पर भी ली जाती हैं। सबसे पहले पता करें कि बस का मालिक कौन है? यह सूचना प्राप्त करना बहुत आसान है। आप ट्रांसपोर्ट विभाग को अपने मोबाइल फोन से एक मैसेज भेज

कर यह सूचना तुरन्त प्राप्त कर सकते हैं। यह सूचना निम्न ढंग से प्राप्त की जा सकती है।

» "मोबाइल फोन पर मैसेज sms भेजने के लिए टाइप करें VAHAN इसके बाद स्पेस दें फिर बस का पूरा रजिस्ट्रेशन नम्बर बिना स्पेस के टाइप करें। इस मैसेज को 7738299899 पर भेज दें। कुछ ही सेकंडों में आपके फोन पर बस के मालिक का नाम आ जाएगा।"

» यदि बस का मालिक कोई प्राइवेट व्यक्ति है तो स्कूल के साथ उसके अनुबन्ध के बारे में जानकारी प्राप्त करें। यदि बस मालिक का स्कूल के साथ अनुबन्ध नहीं है तो स्कूल बच्चे के साथ बस में हुए हादसे की ज़िम्मेदारी लेने से इंकार कर सकता है।

» यदि बस का मालिकाना हक़ स्कूल के पास है तो भी आपको सचेत रहने की आवश्यकता है क्योंकि स्कूल बसें तो बैंक कर्ज़े से खरीद लेते हैं लेकिन ड्राईवर और कनडकटर की नियुक्ति नहीं करते। यदि ड्राईवर और कनडकटर स्कूल के स्थाई वेतनभोगी कर्मचारी नहीं हैं तो भी स्कूल कोई ज़िम्मेदारी लेने से इनकार कर सकता है।

» बस ड्राईवर के पास वैध ड्राइविंग लाईसैंस होना चाहिए। इसी भांति कनडकटर के पास वैध बिल्ला होना चाहिए।

अभिभावक के रूप में आपको यह सब जानने का अधिकार है और आपको जानना भी चाहिए। यदि कोई सन्देह हो तो कृपया सेन्ट्रल बोर्ड ऑफ़ सेकेन्डरी एजुकेशन (Central Board of Secondary Education) द्वारा जारी निर्देशों को अवश्य पढ़ लें।

स्कूलों द्‌वारा बच्चों के यातायात से सम्बन्धित सेन्ट्रल बोर्ड द्‌वारा जारी दिशा-निर्देश

भारत के माननीय सर्वोच्य न्यायालय के आदेशों के अनुसार सेन्ट्रल बोर्ड ने सभी सरकारी, पब्लिक, प्राइवेट और सहायता-प्राप्त स्कूलों के प्रिंसिपल को ये निर्देश 23.02.2017 को जारी कर दिए थे। जो स्कूल इन निर्देशों का पालन नहीं करते उनकी मान्यता समाप्त हो सकती है। यह तभी संभव है जब अभिभावक सचेत और सतर्क हों। अभिभावकों की सूचना के लिए यह निर्देश नीचे दिए जा रहे हैं। कृपया ध्यान पूर्वक पढ़ें। यदि कोई स्कूल इनका पालन नहीं कर रहा तो उसके विरुद्ध उचित कार्यवाही करें। यदि अभिभावक

चुप रहेंगे तो बच्चों का शोषण होता रहेगा। स्कूल की बसों से सम्बन्धित आदेश निम्न प्रकार हैं :–

1. बसों का बाहरी रंग-रूप:

1. बसों का रंग पीला होना चाहिए और बसों की दोनों तरफ स्कूल का नाम मोटे अक्षरों में लिखा होना चाहिए ताकि उनकी पहचान आसानी से हो सके।
2. बच्चों की स्कूल बस के सामने और पीछे मोटे मोटे अक्षरों में "स्कूल बस" लिखा होना चाहिए। यदि बस को स्कूल ने ठेके पर लिया है और इसका मालिकाना हक़ स्कूल के पास नहीं है तो बस पर मोटे अक्षरों में "ON SCHOOL DUTY" लिखा होना चाहिए।
3. बस चालक का पूरा पता, लाइसेंस नम्बर, बैज नम्बर बस में उपलब्ध होने चाहिएँ। इसके अतरिक्त बस के मालिक का पता व फोन नम्बर या स्कूल का फोन नम्बर बस पर लिखा होना चाहिए। बस के बाहर और अन्दर दोनों ओर ट्रांसपोर्ट विभाग की हेल्प लाइन का नम्बर साफ साफ लिखा होना चाहिए। यह नम्बर इस प्रकार लिखा जाना चाहिए कि बस के अन्दर बैठे लोगों को और बाहर आम जनता को आसानी से दिखाई दे ताकि आपात समय में स्कूल प्रबन्धन/ पुलिस/ तथा अन्य सम्बन्धित अधिकारीयों को तुरन्त सूचना दी जा सके।

2. बसों के अन्दर

1. बसों की खिड़कियाँ उपर से नीचे खुलती हों और उनपर सलाखें लगी हों और उनपर जालीदार तार लगी हों।
2. बस के दरवाज़ों को बन्द रखने की ऐसी व्यवस्था हो जिसमें ताला लगाया जा सके।
3. यह उतरदायित्व स्कूल प्रबन्धन का है कि हर बस में एक आपात निकास द्वार हो।
4. बसों में स्पीड नियन्त्रण यन्त्र होना चाहिए और बस की गति 40 कि.मी। प्रति घन्टे से अधिक नहीं होनी चाहिए।

5. यह स्कूल का उतरदायित्व है कि प्रत्येक स्कूल बस में ABC Type ISI Mark 5 Kg के कम से कम दो अग्नि-शामक यंत्र हों। जिनमें से एक ड्राईवर के केबिन में होना चाहिए और दूसरा आपात-निकास द्वार के पास होना चाहिए। इन यंत्रों का प्रयोग करने का प्रशिक्षण ड्राईवर, कनडकटर और महिला सहायक/गार्ड को दिया जाना चाहिए।
6. बच्चों की सुरक्षा के लिए स्कूल बस की सीटें ऐसी सामग्री से बनी होनी चाहिएँ जिन में आग न लग सके।
7. प्रत्येक स्कूल बस में GPS और CCTV अनिवार्य रूप से होने चाहिएँ। बस के मालिक का उतरदायित्व है कि वह सुनिश्चित करे कि GPS और CCTV हर समय हर हालत में चालू रहें।

3. बस कर्मचारी

1. प्रत्येक स्कूल को एक यातायात-प्रबन्धक नियुक्त करना चाहिए। स्कूल बसों में यात्रा करने वाले हर बच्चे की सुरक्षा का भार इस प्रबन्धक का होगा। हर बस के अन्दर और बाहर इस यातायात-प्रबन्धक का नाम और फोन नम्बर मोटे मोटे अक्षरों में लिखा होना चाहिए।
2. बस चालक के पास वैध ड्राइविंग लाइसेंस होना चाहिए और उसे बसें चलाने का कम से कम पांच वर्ष का अनुभव होना चाहिए।
3. ड्राइवर के अतिरिक्त बस कनडकटर के पास भी वैध लाइसेंस होना आवश्यक है। बस कनडकटर की योग्यता और उसकी ड्यूटी मोटर वाहन नियमों के नियम 17 के प्रावधानों के अनुसार होनी चाहिएँ।
4. यह स्कूल का उतरदायित्व है कि हर स्कूल बस में एक महिला सहायक/गार्ड नियुक्त करे जो यात्रा के समय बच्चों की सुरक्षा का पूरा ख्याल रखे। इसके अतरिक्त उसे बच्चों को बस में चढ़ने और उतरने में भी सहायता करनी होगी।
5. स्कूल प्रबन्धन को चाहिए कि अभिभावकों से अनुरोध करके कम से कम एक ऐसे अभिभावक को बस में बच्चों के साथ जाने के लिए तैयार करे जो बस ड्राईवर, कनडकटर और अन्य स्कूल कर्मचारियों पर निगरानी रख सके। इससे यह सुनिश्चित हो सकेगा कि बच्चों की सुरक्षा के नियमों का पालन ठीक ढंग से हो रहा है और बस चालक बस को सावधानी पूर्वक चला रहा है। लेकिन कोई भी अभिभावक इस कार्य के लिए तैयार नहीं होता।

6. किसी भी हालत में बस ड्राईवर, कनडकटर, सहायक महिला और एक अभिभावक के आलावा किसी अन्य व्यक्ति को स्कूल बस में यात्रा करने की अनुमति नहीं होनी चाहिए।

4. बस में सुविधाएँ

1. स्कूल बस में First Aid Box और पीने के पानी की व्यवस्था होनी चाहिए।
2. स्कूल बैग रखने के लिए सीटों के नीचे अथवा किसी अन्य उपयुक्त स्थान की व्यवस्था होनी चाहिए।
3. स्कूल बस में ख़तरे की घंटी या सायरन की व्यवस्था होनी चाहिए ताकि आपात समय में सबको सूचित किया जा सके।
4. स्कूल बसों में न तो पर्दे होने चाहिएँ और न ही फिल्म लगे शीशे होने चाहिएँ।
5. स्कूल बसों में समुचित प्रकाश की व्यवस्था होनी चाहिए।
6. सड़क पर चलते समय बस के अन्दर होने वाली गतिविधियाँ बाहर से स्पष्ट रूप से दिखाई देनी चाहिएँ।

5. परमिटस

1. कोई भी स्कूल किसी ऐसी बस या अन्य वाहन का प्रयोग नहीं करेगा जिसके पास राज्य परिवहन विभाग का बैध परमिट न हो
2. मोटर व्हीकल अधिनियम 1988 के अनुसार बस या अन्य वाहन की तथा यात्रियों की इन्शोरेंस होना आवश्यक है।
3. प्रत्येक वर्ष ड्राइवर की मेडिकल जाँच तथा उसकी आँखों की जाँच होनी चाहिए। प्रत्येक वर्ष प्राधिकृत अधिकारी से तत्सम्बन्धी चिकित्सा प्रमाण-पत्र प्रस्तुत करना होगा।
4. स्कूल किसी ऐसे ड्राईवर को नियुक्त नहीं कर सकता जिसके एक वर्ष में दो से अधिक चालान हो चुके हों, चाहे चालान लाल बत्ती, अधिक स्पीड, लाईन ड्राइविंग के उलंघन का हो चाहे किसी अनाधिकृत व्यक्ति को वाहन चलाने की अनुमति देने का हो।
5. स्कूल बस या वाहन चलाने के लिए स्कूल उस ड्राईवर को भी नियुक्त नहीं कर सकता जिसका एक भी चालान ख़तरनाक तरीके से बस को चलाने के

कारण हुआ हो या भारतीय दण्ड संहिता की धारा 279,337,338 और 304A के अन्तर्गत अथवा POCSO ACT के अन्तर्गत हुआ हो।

6. ड्राईवर के लिए राज्य परिवहन विभाग द्वारा निर्धारित ग्रे Grey रंग की यूनिफार्म पहनना आवश्यक है जिसपर उसके नाम और बस मालिक के नाम का बिल्ला लगा होना चाहिए।

7. स्कूल की बस केवल वही व्यक्ति चला सकता है जिसके पास राज्य परिवहन विभाग द्वारा जारी जन सेवा वाहन चलाने का वैध बैज हो जिसपर उसका फोटो लगा हुआ हो।

8. यदि यात्रा करने वाले छात्रों की आयु 12 वर्ष से कम है तो बस में उनकी संख्या उपलब्ध सीटों से डेढ़ गुना से अधिक नहीं होनी चाहिए। 12 वर्ष से अधिक आयु के छात्र को व्यस्क के समान समझा जाएगा।

9. स्कूल बस का मोटर व्हीकल एक्ट 1988 के अनुसार प्रति वर्ष फिटनेस सर्टिफिकेट प्राप्त किया जाएगा।

10. जो ड्राईवर स्कूल मोटर व्हीकल एक्ट 1988 का उलंघन, उनसे सम्बन्धी नियमों का उलंघन, न्यायालय के आदेशों का उलंघन अथवा सेन्ट्रल बोर्ड के निर्देशों का उलंघन करेगा उसे दण्ड भुगतना होगा।

11. यदि स्कूल बस को किराए पर लेता है तो स्कूल को बस मालिक के साथ एक लिखित करार करना होगा जिसकी एक प्रति बस ड्राईवर के पास सदैव होनी चाहिए।

12. बस में यात्रा करने वाले सभी छात्रों की पूरी सूचना बस कनडकटर के पास तैयार होनी चाहिए जिसमें बच्चों के नाम, कक्षा, ब्लड ग्रुप, बस स्टॉप, बस के रूट स्पष्ट रूप से उलिखित होने चाहिए।

13. यदि ठेके की बस का प्रयोग किया जाता है तो बस मालिक को बस सम्बन्धी सूचना निकट के थाने तथा सम्बन्धित ट्रैफिक पुलिस अधिकारी को देनी होगी और ड्राईवर का पूरा नाम तथा पता बताना होगा।

14. बस चलाते समय ड्राईवर न तो मोबाइल फोन का प्रयोग कर सकता है और न ही छात्रों से या अन्य कर्मचारियों से ज़रुरत से ज़्यादा बातें कर सकता है।

6. बसों से सम्बन्धित स्कूल की ज़िम्मेदारी

1. यह सुनिश्चित करने का दायित्व स्कूल का है कि चलती बस के सभी दरवाज़े ठीक से बन्द रहें।
2. स्कूल बसें केवल निर्धारित स्टॉप पर निर्धारित स्थान पर ही रुकनी चाहिएँ।
3. बच्चों को सुरक्षित रूप से बसों में चढ़ाने और बस से उतारने का दायित्व स्कूल का है।
4. स्कूल बस में चढ़ने और उतरने के समय बस रुकी रहेगी।
5. वर्ष में दो बार स्कूल बस ड्राइवरों को नई ट्रेनिंग दी जानी चाहिए ताकि उनके कौशल में वृद्धि हो सके।
6. किसी ड्राईवर को नशे की हालत में बस चलाने की अनुमति नहीं होनी चाहिए। सन्देह होने पर स्कूल अधिकारीयों द्वारा ड्राईवर की मेडिकल जाँच करवानी होगी और दोषी पाए जाने पर उसके विरुद्ध आवश्क कार्यवाही की जाएगी यहाँ तक कि उसका लाइसेंस रद्द करवाने की कार्यवाही की जाएगी।
7. स्कूल द्वारा प्रत्येक बस में एक मोबाइल फोन उपलब्ध कराया जाएगा ताकि वक्त ज़रुरत ड्राईवर या कनडकटर से बात की जा सके या ड्राईवर/कनडकटर मोबाइल फ़ोन से पुलिस और स्कूल अधिकारीयों को सूचित कर सकें।
8. यह ज़िम्मेदारी स्कूल की है कि उनकी बस का ड्राईवर सड़क पर किसी और चौपहिए वाहन को ओवर टेक न करें।
9. यह उतरदायित्व स्कूल का है कि वे छात्रों को बस में चढ़ने और उतरने का अनुशासन सिखाएँ ताकि किसी छात्र को बस में चढ़ने और उतरने में कोई चोट न लगे।
10. छात्रों द्वारा बस में चढ़ने और उतरने के समय बस की पार्किंग स्कूल परिसर के अन्दर करने का उतरदायित्व स्कूल का है।
11. यदि स्कूल परिसर में बस पार्क करने के स्थान न हो तो बस को इस ढंग से पार्क किया जाना चाहिए ताकि दूसरे वाहनों को असुविधा न हो।
12. स्कूल को समय समय पर छात्रों से स्कूल बस के ड्राईवर और कनडकटर के व्यवहार के बारे में सूचना एकत्र करते रहना चाहिए और एकत्र सूचना का रकार्ड रखना चाहिए।

7. अभिभावकों के लिए

1. स्कूल आने और जाने में बच्चों की सुरक्षा के लिए अभिभावक भी समान रूप से ज़िम्मेदार होते हैं।
2. यह जानना अभिभावकों की ज़िम्मेदारी है कि बच्चों को स्कूल लाने ले जाने के लिए स्कूल द्वारा अथवा स्वयं अभिभावकों द्वारा यातायात की जो व्यवस्था की गई है वह पूरी तरह सुरक्षित है।
3. अगर बस ड्राईवर, कनडकटर अथवा कोई अन्य स्कूल कर्मचारी किसी नियम का उलंघन करता है तो अभिभावकों को इसकी सूचना तुरन्त स्कूल को या राज्य अधिकारियों को देनी चाहिए।
4. पेरेंट्स मीटिंग में अभिभावकों को अवश्य भाग लेना चाहिए और बच्चों की सुरक्षा से सम्बन्धित खुल कर बात करनी चाहिए।
5. अभिभावकों को उन वाहनों का प्रयोग नहीं करना चाहिए जिनके पास बच्चों को लाने ले जाने का वैध लाइसेंस या परमिट न हो।
6. बच्चों की सुरक्षा एक नाज़ुक विषय है अभिभावकों को इस विषय पर हरदम चौकन्ना रहना चाहिए।

उपर्युक्त मार्गदर्शन सेन्ट्रल बोर्ड ऑफ़ सेकंड्री एजुकेशन द्वारा सुप्रीम कोर्ट के आदेशों के बाद जारी किए गए हैं। इनको मानना स्कूल का दायित्व है और स्कूल इन दिशा निर्देशों को मानते हैं या नहीं यह जानना अभिभावकों का उतरदायित्व है।

अभिभावक खुद कानून का उलंघन करते हैं

यह दुर्भाग्य है कि दिल्ली में स्कूल कैब से सम्बन्धित नियम नहीं है। वर्ष 2007 में प्राइवेट वाहनों को स्कूल वाहन के रूप में प्रयोग करने की एक नीति बनाई गई थी (जिसका प्रारूप नीचे दिया गया है) परन्तु उसका पालन कोई नहीं करता। अधिकाँश अभिभावकों को ज्ञात भी नहीं होगा कि ऐसी कोई नीति या नियम भी है और न ही उनके पास इसको जानने का समय है।

आजकल स्कूल शिक्षा का मन्दिर नहीं बल्कि पैसा कमाने की दूकान हैं। इसलिए स्कूल उन रूटों पर अपनी बस नहीं भेजते जहाँ से उन्हें कोई लाभ होने की आशा नहीं होती। इन क्षेत्रों में रहने वाले बच्चों के अभिभावकों को मजबूरी में अपने बच्चों

को प्राइवेट वाहनों में स्कूल भेजने की व्यवस्था करनी पड़ती है। नियमों से अनजान अभिभावक किसी भी वैन मालिक के साथ बच्चों को स्कूल लाने ले जाने का करार कर लेते हैं। इन प्राइवेट वैन में होता क्या है यह भी अभिभावकों को पता होता है फिर भी मजबूरी में मरता क्या नहीं करता वाली कहावत चिरितार्थ होती है।

» वैन की क्षमता है आठ और उसमें ठूंसे जाते हैं 25 बच्चे। बोरियों की तरह एक दूसरे के उपरे लद कर बच्चे स्कूल में पहुँचते हैं। कुछ बच्चे तो सबसे खरतनाक स्थान CNG सलेंडर के उपर बैठ कर स्कूल जाते हैं। नियमों के अनुसार आठ सीटों वाली वैन में अधिक से अधिक 12 बच्चों को ले जाने की अनुमति होती है। लेकिन इन वैनों के पास न तो परमिट होता है और न ही परिवहन विभाग की अनुमति होती है। अभिभावकों को इसकी जानकारी होती है लेकिन दूरदृष्टि नहीं होती। उनकी आँखें तब खुलती हैं जब बच्चे के साथ कोई हादसा हो जाता है।

» स्कूल वैन के लिए कुछ नियम हैं परन्तु इनकी अवहेलना करके कुछ प्राइवेट नम्बर वाले वाहनों को स्कूल वैन के रूप में प्रयोग करने की अनुमति खुद अभिभावक ही देते हैं। नियमों को जानने की फुर्सत किसे है। जब कुछ होगा देखा जाएगा वाला रवैया अपनाया जाता है।

» स्कूल वैन दस वर्ष से अधिक पुरानी नहीं होनी चाहिए परन्तु कबाड़ी के हाथों बेचे जाने वाली वैन में अभिभावक अपने बच्चों को स्कूल भेजने के पैसे देते हैं। कहते हैं आ बैल मुझे मार।

» स्कूल वैन के मालिक एक नहीं कई कई स्कूलों के बच्चों को लाने ले जाने का ठेका ले लेते हैं। कभी कभी तीन तीन स्कूलों के बच्चों का ठेका एक ही वाहन मालिक ले लेता है। हर बच्चे को समय से तीन स्कूलों में पहुँचाना आसान कार्य नहीं अतः ड्राईवर स्कूल वैन को ख़तरनाक तरीके से निर्धारित वाहन गति के विरुद्ध बहुत तेज गति से चलाता है। समाचार पत्रों में प्रकाशित खबरों से ज्ञात हो जाएगा अनेकों बच्चों का निधन ड्राईवर की अधिक और ख़तरनाक ड्राइविंग के कारण हो चुका है।

» बिना लाइसेंस और बिना स्कूल वैन चलाने की अनुमति लिए चलने वाली स्कूल वैनों के जितने भी चालान कर लिए जाएँ उन्हें कोई फर्क नहीं पड़ता। विस्मय तब होता है जब अभिभावकों को भी अपने बच्चों को ख़तरे में डालने से कोई फर्क नहीं पड़ता।

» उधारण तो बहुत हैं परन्तु दुर्घटनाओं की गिनती करने के स्थान पर यदि अभिभावक भविष्य में बच्चों की सुरक्षा के प्रति सजग हो जाएँ तो छोटे छोटे मासूम बच्चों की सुरक्षा संभव हो सकेगी। इसके लिए अभिभावकों को प्राइवेट स्कूल वैन से सम्बन्धित नियमों का ज्ञान तो प्राप्त कर लेना चाहिए। स्कूल वाहनों से सम्बन्धित 2007 में जो दिल्ली सरकार ने जो नीति बनाई थी भले ही उसका पालन नहीं हो रहा परन्तु अभिभावकों को उस नीति से अपने बच्चों को सुरक्षित रखने के बारे में कुछ जानकारी तो हासिल होगी। इसिलए वर्ष 2007 की नीति के कुछ आवश्यक अंश नीचे दिए जा रहे हैं :-

स्कूल वाहनों से सम्बन्धित मुख्य बातें

वाहन रजिस्टर कराने और परमिट मिलने की शर्तें

(यहाँ अभिभावकों की जानकारी के लिए केवल जरूरी शर्तों का उल्लेख किया जा रहा है सभी शर्तों का नहीं)

1. प्राइवेट वाहनों को स्कूल वाहनों के रूप में प्रयोग करने से पूर्व अपने वाहन का रजिस्ट्रेशन प्राइवेट वाहन से बदल कर स्कूल वाहन के रूप में करवाना होगा।
2. सभी स्कूल कैब्स को CNG का प्रयोग करना होगा।
3. स्कूल कैब के रूप में वाहन के प्रयोग के लिए मोटर व्हीकल अधिनियम की धारा 56 के अन्तर्गत वांछित प्रमाण-पत्र प्राप्त करना होगा तथा स्कूल कैब के रूप में वाहन को चलाने सम्बन्धित सभी शर्तों को पूरा करना होगा।
4. स्कूल कैब के चारों तरफ 150 mm की सुनहैरे पीले रंग की पट्टी होनी चाहिए। जिन वाहनों को पहली बार स्कूल कैब का परमिट मिलता है वह वैन सफेद रंग की होनी चाहिए और उसके चारों ओर सुनहैरे पीले रंग की पट्टी होनी चाहिए।
5. स्कूली बच्चों को लाने ले जाने की लिए प्राइवेट वैन केन्द्रीय मोटर वाहन नियम और दिल्ली मोटर वाहन नियमों के अन्तर्गत परिवहन वाहन की DL 1K सीरीज़ में रजिस्टर्ड होनी चाहिए। DL 1K सीरीज़ के नम्बर के बिना कोई वैन स्कूल कैब का कार्य नहीं कर सकती।
6. स्कूल वाहन 15 वर्षों से अधिक पुराना नहीं होना चाहिए।

7. फिटनेस सर्टिफिकेट जारी होने की तिथि वाहन पर स्पष्ट शब्दों में लिखी होनी चाहिए।

8. कैब पर 250 mm X 250 mm आकार का पीले रंग का बोर्ड लगा होना चाहिए जिसपर काले अक्षरों में मोटा मोटा " स्कूल कैब" लिखा हुआ होना चाहिए। स्कूल के बच्चों को लाते ले जाते समय इस बोर्ड का कैब पर लगा होना आवश्यक है।

9. बच्चों के बैग रखने के लिए वाहन की छत पर सुरक्षित व्यवस्था होनी चाहिए।

10. स्कूल कैब में एक रजिस्टर होना चाहिए जिसमें कैब का प्रयोग करने वाले सभी बच्चों के नाम, पिता का नाम, पूरा पता और टेलीफोन नम्बर लिखे होने चाहिएँ।

11. सभी स्कूल वाहनों में गति नियन्त्रण यंत्र (Speed control Device) लगे होने चाहिएं और वाहन की गति 40 KM/Hour तक सीमित होनी चाहिए।

12. स्कूल वाहन में फर्स्ट ऐड बॉक्स तथा अग्नि शमन यंत्र अवश्य होने चाहिएं। (दिल्ली मोटर वाहन नियम का नियम 66)।

13. ड्यूटी के समय ड्राईवर किसी भी प्रकार के नशे का प्रयोग नहीं कर सकता वाहन में वीडिओ चलाना भी मना है।

14. स्कूल वाहन के उपर चारों ओर एम्बर फ्लैश लाईट लगी होनी चाहिए। बच्चों को वाहन में चढ़ाते या उतारते समय चारों लाईट जलती रहनी चाहिएँ।

15. जिस ड्राईवर का वर्ष में दो बार ट्रैफिक नियमों का उल्लंघन करने का चालान हो चुका हो उस ड्राईवर को स्कूल वाहन चलाने की अनुमति नहीं देनी चाहिए।

बाल शोषण

बाल शोषण करने वालो को पहचानों

स्कूल हो या फिर घर। बच्चों का शोषण किसी न किसी प्रकार होता रहता है। किसी बच्चे का यौन शोषण कोई राह चलता व्यक्ति नहीं कर सकता। सरकारी आंकड़े भी बताते हैं कि 30% से अधिक बच्चों के साथ यौन शोषण के मामलों में किसी जानकार व्यक्ति का हाथ होता है। जानकारों में भी ऐसे व्यक्ति होते हैं जिनपर पूरा विश्वास किया जा सकता है। अर्थात विश्वसनीय व्यक्तियों द्वारा बच्चों का यौन शोषण होने का भय रहता है।

अभिभावकों को ऐसे लोगों पर निगाह रखनी होगी। इनमें से कुछ लोग ऐसे हो सकते हैं जिनका वर्णन नीचे किया गया है :–

ऐसा व्यक्ति जो आप के घर बार बार आता हो और अपना अधिक समय आपके बच्चों के साथ बिताता हो।

1. कोई रिश्तेदार या उनके बच्चे आपके बच्चों को उपहार देते रहते हों।
2. कोई ऐसा व्यक्ति जो बच्चों के साथ अकेला समय व्यतीत करने के मौके तलाशता रहता हो।
3. कोई ऐसा व्यक्ति जो बात बात पर बच्चों को सहलाने लगता हो, उन्हें गले लगाने लगता हो, प्यार प्रदर्शित करने के लिए चूमता हो, गोद में बैठा लेता है या अन्य प्रकार से छूने का प्रयास करता हो।
4. वह व्यक्ति जो अपनी उम्र के लोगों की बजाए बच्चों के साथ अधिक समय गुज़ारता हो।
5. बच्चों को बिना मौके उपहार देता रहता हो।
6. बच्चों के साथ ज़रुरत से अधिक खेलता रहता हो।
7. बच्चों के खेल के मैदान में भी उनके साथ रहता हो।
8. बच्चों के फोटो खींचता हो।
9. बच्चों के बारे में अपनी राए देता रहता हो।

उपरलिखित केवल उधारण के तौर पर बताया गया है कि जो व्यक्ति बच्चों का शोषण करते हैं उनकी हरकतें कैसी होती हैं। अब हमें यह समझना होगा कि ये लोग बच्चों को लुभाने के लिए कौन कौन सी और कैसी ट्रिक्स का इस्तेमाल करते हैं। अभिभावकों को शोषकों द्वारा अपनाई जाने वाली ट्रिक्स को समझना होगा। कुछ ऐसी ट्रिक्स का उल्लेख नीचे किया जा रहा है :–

1. बाल शोषक सबसे पहले बच्चों को अपने विश्वास में लेते हैं। यह कार्य वे लोग बहुत धैर्य से धीरे धीरे इस ढंग से करते हैं कि न तो बच्चों को और न ही अभिभावकों को पता लग पाता है कि कब बच्चा उसके मोह जाल में फस गया है। बच्चे तो प्यार के भूखे होते हैं जो उन्हें प्यार करता है बच्चे उनका कहना मानने लगते हैं।
2. बच्चों का विश्वास प्राप्त करने के पश्चात् वह बच्चों पर अधिकार जताने लगता है। बड़ा होने, शुभचिंतक होने का नाटक करने लगता है। इनमें से कुछ व्यक्ति

तो पहले से ही बच्चों पर अधिकार जताते रहते हैं जैसे बस/वैन ड्राइवर या कनडकटर, गार्ड, चपरासी, और कभी कभी तो शिक्षक आदि भी शामिल होते हैं।

3. बच्चों के साथ मेल जोल बढ़ाने के बहाने वह बच्चों को अनचाहे स्थानों पर छूने लगता है। ऐसा लगता है कि यह हरकत अनजाने में हो गई है जान भूझ कर नहीं की गई। धीरे धीरे इन हरकतों की संख्या बढ़ने लगती है। बच्चा समझ ही नहीं पाता उसके साथ क्या हो रहा है।
4. बच्चों को अश्लील चित्र दिखाना फिर उनके साथ अश्लील बातें करना ऐसी ट्रिक है जो धीरे धीरे बच्चों के दिमाग में अनुचित प्रभाव डालती है। कुछ समय के बाद बच्चे अश्लीलता को ठीक समझने लगते हैं। इसके बाद शोषक अपना काम कर देता है।
5. बच्चों को तरह तरह के प्रलोभन देना एक बहुत प्रचलित ट्रिक है। प्रलोभन के द्वारा बच्चों को ऐकांत में ले जाते हैं और दुष्कर्म करने लगते हैं।
6. बच्चों को अपने साथ ले जाने के लिए ये लोग कई किस्म के बहाने बनाते हैं। कभी अपने को बीमार बता कर और कभी बच्चों को बीमार बता कर सहायता लेने या देने का बहाना बना कर बच्चों को फुसला लेते हैं।
7. अक्सर एक ही स्कूल में पढ़ने वाले बड़े बच्चे छोटे बच्चों का शोषण कर देते हैं।
8. टॉफी या किसी अन्य खाद्य पदार्थ में नशीली दवा मिला देते हैं।
9. बच्चों को बिना फ़ीस लिए ट्यूशन पढ़ाने या उनके होमवर्क में सहायता करने के बहाने बच्चों से सम्बन्ध बनाना।
10. बच्चों को धमकाना भी एक प्रचलित ट्रिक है। बच्चों को धमका कर उनके साथ दुष्कर्म किया जाता है।

सबसे अधिक महत्वपूर्ण बात यह है की अभिभावक स्वयं भी बाल शोषकों को जाने अनजाने सम्वेदनशील सूचना प्रदान कर देते हैं जिसका दुरप्रयोग किया जा सकता है।

4

दोस्तों का प्रभाव

पढ़ाई लिखाई के बाद बच्चों को सबसे अच्छा लगता है अपने दोस्तों के साथ मिलकर खेलना, मौज मस्ती करना। यह सत्य भी है क्योंकि बच्चे अपने दोस्तों से बहुत कुछ सीखते हैं। बच्चों के जीवन पर पहला प्रभाव उनके माता पिता का होता है। परन्तु जब बच्चा घर से बाहर अपने दोस्तों से मिलता है तो उस पर अपने दोस्तों का प्रभाव भी पड़ता है। बच्चे जब एक बार अपनी उम्र के अन्य बच्चों के साथ स्कूल में या खेल के मैदान में बात चीत करने लगते हैं तो उन पर अन्य बच्चों का प्रभाव पड़ने लगता है।

बाल विशेषज्ञों का मानना है कि बच्चों के दोस्त उनके सर्वांगीण विकास में बहुत ही महत्वपूर्ण भूमिका निभाते हैं। बच्चों पर कैसा प्रभाव पड़ता है यह इस बात पर निर्भर करता है कि उनके दोस्त कैसे हैं। जैसे दोस्त होते हैं बच्चे भी वैसा ही बनने लगते हैं। अधिकांश बच्चे अपने दोस्तों को अपने जैसा ही बनाना चाहते हैं। वह चाहते हैं कि दूसरे दोस्त भी वैसा ही करें जैसा वह करते हैं या वैसा ही सोचें जैसा वह सोचते हैं। भोले बच्चे दोस्तों के प्रभाव में जल्दी आ जाते हैं। यदि दोस्त अच्छे हैं, उनके संस्कार अच्छे हैं तो उनका व्यवहार भी अच्छा होगा, आदतें भी अच्छी होंगी और सोच भी अच्छी होगी। चिन्ता तब होती है जब भोले बच्चे उन बच्चों से दोस्ती कर लेते हैं जिनकी आदतें गंदी होती हैं, विचार गंदे होते हैं और व्यवहार भी गंदा होता है।

65

किसी एक बिगड़े हुए बच्चे से अगर पूछा जाए उसने सिगरेट पीना कैसे सीखा, दूसरे से पूछा जाए उसने झूठ बोलना कैसे सीखा, तीसरे से पूछा जाए उसने चोरी करना कैसे सीखा तो सबका एक ही जवाब होगा अपने दोस्तों से। इस प्रकार अच्छी या बुरी संगत से सबसे अधिक प्रभावित बच्चे ही होते है क्योंकि बाल्यावस्था से युवावस्था तक उन्हें दोस्तों से अधिक वास्ता पड़ता है। एक सर्वेक्षण के अनुसार बच्चों पर उनके माता पिता, बड़े भाई बहन और रिश्तेदारों का प्रभाव केवल 40% प्रतिशत होता है। बच्चों पर 60% प्रतिशत प्रभाव उनके अपने दोस्तों का होता है। मित्र अच्छा हुआ तो बच्चा भी अच्छा बनेगा और यदि मित्र बुरा हुआ तो बच्चा भी बुरा बनेगा। यह बात ठीक है कि बच्चे अच्छाई के स्थान पर बुराई जल्दी और आसानी से सीखते हैं। माँ-बाप सोचते हैं बच्चा अभी छोटा है बड़ा होगा तो समझ जाएगा। यही सबसे बड़ी गलती होती है। बचपन में सीखी गई आदतें जीवन पर्यंत पीछा नहीं छोड़तीं। कुछ गंदी आदतें तो जीवन बर्बाद कर देती हैं। सबसे पहले यह जानना होगा कि बच्चे गंदी आदतें सीखते कैसे हैं?

गंदी आदतें सीखने के कई कारण हो सकते हैं:

1. **दोस्तों की पृष्ठभूमि** : यह तो सब जानते हैं कि बच्चे सबसे अधिक खुश अपने दोस्तों के साथ रहते हैं। दोस्तों का जब ग्रुप मिल जाता है तो बच्चे सारी चिंताएँ भूल कर प्रसन्न रहते हैं। लेकिन यह हँसता खेलता आन्नद मनाता ग्रुप कब मुसीबत बन जाता है कोई नहीं जानता। ग्रुप के सभी बच्चों की सोच और विचार एक जैसे नहीं होते। कुछ बच्चे ग़रीब परिवार के होते हैं, कुछ बच्चे धनी परिवार के होते हैं और कुछ अन्य बच्चे बहुत अधिक धनि परिवार के होते हैं। हर बच्चे का व्यवहार उनके परिवार की परम्पराओं से जुड़ा होता है। इसका प्रभाव सब बच्चों पर पड़ता है। जो बच्चे धनी या अधिक धनी परिवार के होते हैं वह दूसरे बच्चों पर अपनी अमीरी का रोब दिखाते रहते हैं। खास कर ग़रीब परिवारों के बच्चों पर। ग़रीब बच्चों की परवाह कोई नहीं करता भले ग़रीब बच्चे धनी बच्चों से अधिक बुद्धिमान हों। ऐसी स्थिति में धनी परिवार के बच्चे बुद्धिमान ग़रीब बच्चों की भावनाओं को दबा देते हैं, उनका अनादर करते हैं और उनका मज़ाक उड़ाते हैं। यह प्रक्रिया जब बार बार होती है तो बच्चे हीन भावना का शिकार हो जाते हैं। अपने आप को समर्थ दिखाने के लिए कुछ बच्चे अपने तनाव को दूर करने के लिए नशे का प्रयोग करने लगते हैं। इस कार्य में धनी बच्चे भी उनका साथ देने लगते हैं। फलस्वरूप पूरा का पूरा ग्रुप नशे की चपेट में आ जाता है। इसके अतरिक्त धनी बच्चों में ज़िद करने की, क्रोध करने की नाजायज मांग करने की आदतें भी होती हैं जो पूरे ग्रुप को प्रभावित करती हैं।

2. **नासमझी** : कुछ बच्चे नासमझी में भी ग़लत आदतें सीख जाते हैं। उन्हें यह ज्ञात ही नहीं होता कि क्या अच्छा है या क्या बुरा है बस वह इसलिए करने लगते हैं क्योंकि उनके दूसरे दोस्त भी ऐसा करते हैं।

3. **बहादुरी दिखाना** : बच्चों को यह अच्छा नहीं लगता कि कोई उनका मज़ाक उड़ाए। दूसरे बच्चों के सामने मज़ाक बनने के स्थान पर बच्चे कुछ ऐसा करने लगते हैं जो उन्हें नहीं करना चाहिए।

4. **कमज़ोरी छुपाना** : जो बच्चे अपने आप को दूसरे बच्चों की तुलना में कमज़ोर समझते हैं उनकी तीव्र इच्छा होती है कि दोस्तों का ग्रुप उन्हें भी अपने ग्रुप में शामिल करले। इस कारण ऐसे बच्चे वैसा कार्य करने को तैयार हो जाते हैं जो दूसरे बच्चे चाहते हैं ताकि वह ग्रुप में शामिल हो सकें। भले ही वह कार्य ग़लत हो।

5. **शक्ति प्रदर्शन** : साधारण शब्दों में जब एक ताक़तवर व्यक्ति किसी कमज़ोर व्यक्ति पर अपनी ताक़त अथवा अपने रुतबे का दबाव डालता है तो इसे शक्ति प्रदर्शन कहते हैं। दुःख का विषय है कि आजकल बच्चे भी स्कूलों में अपनी शारीरिक, वितीय अथवा अपने पिता के ऊँचे पद के कारण उन बच्चों पर अपना शक्ति प्रदर्शन करते हैं जो बच्चे उनकी तुलना में कमज़ोर होते हैं। ऐसी शक्ति प्रदर्शन के लिए किसी बड़े कारण होने की आवश्यकता नहीं होती। छोटी छोटी बातों पर शक्ति प्रदर्शन होने लगता है जैसे किसी बच्चे की शक्ल सूरत, ग़रीब बच्चे का अधिक बुद्धिमान होना, शिक्षक द्वारा प्रशंसा करना, एक दूसरे को चिड़ाना, गाली देना, चिल्लाना या मार पीट करना। कभी कभी बच्चे इर्षा और द्वेष के कारण भी लड़ने झगड़ने लगते हैं। मतभेद, जाती-पांति धर्म भेद था संस्कृति के कारण भी बच्चे लड़ने लगते हैं। अधिक धनी परिवार का बच्चा ग़रीब परिवार के बच्चों को तंग करता है तो बुद्धिमान बच्चा बुद्धू बच्चों को सताता रहता है। यह लड़ाई झगड़ा केवल गाली गलोच तक ही सीमित नहीं रहता बल्कि मार कुटाई करने एक दूसरे को चोट पहुँचना भी शामिल होता है। आजकल तो 10-12 साल के बच्चे अपने बसते में चाक़ू या दूसरे तेज़धार हथियार भी रखने लगे हैं। यहाँ तक कि कुछ बच्चे पिस्तौल तक स्कूल में ले जाते हैं। अख़बारों में नित्य समाचार छपते हैं कि फलां स्कूल में एक बच्चे ने दूसरे बच्चे को जान से मार दिया।

6. **गुट-बंदी** : आपसी मतभेद के चलते समान सोच वाले बच्चे अपना अपना ग्रुप अलग बना लेते हैं जिसमें एक जैसी सोच विचार वाले बच्चे होते हैं। फिर भी अपने अपने ग्रुप में भी मतभेद बना रहता है। हर बच्चा एक दूसरे से भिन्न होता है। अतः उनका व्यवहार भी भिन्न होगा। सबसे अधिक प्रभाव बुरी संगत का होता है।

हर ग्रुप में एक न एक बच्चा ऐसा अवश्य मिल जाता है जो दूसरे बच्चों को अपनी बुरी आदतों से प्रभावित करता है। धीरे धीरे पूरा ग्रुप ही बुरी आदतों का शिकार हो जाता है। इसके बावजूद बच्चे अपने अपने ग्रुप में रहना पंसद करते हैं। ग्रुप में बने रहना कई समस्याएँ पैदा कर देता है। हर बच्चा चाहता है कि ग्रुप के सभी सदस्य उसका उपहास न उड़ाएं बल्कि उसका मान करें। ग्रुप में अपना स्थान बनाने के लिए बच्चा यह सोचने लगता है कि जो कार्य बुरा या अच्छा दूसरे बच्चे कर रहे हैं उसे भी वही करना चाहिए। यही वह स्थति है जो बच्चे के मानस पटल पर अंकित हो जाती है। एक और कारण है कोई भी बच्चा अपने ग्रुप के विरुद्ध जाने की हिम्मत नहीं करता। ग्रुप के विरुद्ध जाने के लिए उसे एक या दो ऐसे दोस्त चुनने होंगे जो उसका साथ दें। परन्तु ऐसा कम ही हो पाता है अधिकांश बच्चे अपने ग्रुप के साथ चलना ही पसन्द करते हैं। ग्रुप में बने रहने के कारण चाहे अनचाहे बच्चों को वह सब कुछ करना पड़ता है जो ग्रुप लीडर तय करता है। कुछ बच्चे तो अपने आत्म बल के सहारे इस दबाव से बच जाते हैं परन्तु अन्य बच्चों पर इसका बुरा प्रभाव पड़ता रहता है। अधिकांश अभिभावकों को आजकल के स्कूलीग्रुप बाजी का ज्ञान नहीं होता क्योंकि उनके बाल्यकाल में ऐसा नहीं होता था। इसी कारण माता पिता बच्चों पर ग्रुप के प्रभाव को समझ नहीं पाते।

a) **गुट-बंदी के बुरे प्रभाव :**

- » **अपनों से दूरी** : बच्चों का अपना जीवन होता है। अभिभावकों और शिक्षकों की अधिक टोका टाकी उन्हें पसन्द नहीं आती। वे समझते हैं कि सारा ज़माना उनका दुश्मन हैं उनके मन की बात को कोई नहीं समझता। ऐसी स्थिति में बच्चे अपने ग्रुप के दबाव में अधिक आ जाते हैं। वह उन्हें ही अपना हितैषी समझने लगते हैं और माँ-बाप और दूसरे रिश्तेदारों से दूरी बनाने लगते हैं।
- » **पढ़ाई में रुकावट** : बच्चे माँ-बाप और शिक्षक का कहना मानने के स्थान पर अपने ग्रुप की सलाह को मानने लगते हैं। उन्हें लगता है कि जो उसके साथी कह रहे हैं या कर रहे हैं वही ठीक है बाकि सब लोग ग़लत हैं। ऐसी सोच उनकी शिक्षा में रुकावट पैदा कर देती है। पढ़ाई में कुशल होते हुए भी जानबूझ कर परीक्षा में अच्छे अंक इसलिए प्राप्त नहीं करते क्योंकि ग्रुप के अन्य सदस्य पढ़ाई में कुशल नहीं होते। वह बिलकुल अपने ग्रुप के सदस्यों जैसा बना रहना चाहते हैं। पढ़ाई के स्थान पर ग्रुप उनके लिए अधिक महत्वपूर्ण हो जाता है।

» **आत्म-विश्वास में कमी** : दोस्ती का प्रभाव अच्छा भी हो सकता है और बुरा भी हो सकता है। लेकिन ग्रुप का प्रभाव एक आत्म-विश्वासी बच्चे का मनोबल गिरा सकता है। ग्रुप उसको सोचने पर मजबूर कर देता है कि उसमें कोई आत्म-विश्वास है ही नहीं। ग्रुप के प्रभाव में आकर जब बच्चा अपना आत्म-विश्वास खो देता है तो यह उसके भावी जीवन पर प्रतिकूल प्रभाव डालता है।

» **हानिकारक आदतें** : एक सामान्य बच्चा यह भली भांति जानता है कि बीड़ी-सिगरेट पीना, पान खाना, शराब पीना या दूसरे प्रकार का नशा करना अच्छी बात नहीं होती लेकिन दोस्तों के सामने अपने आप को महान, श्रेष्ठ और बहादुर दर्शाने के लिए और इससे भी अधिक अपनी मित्र-मंडली में बने रहने के लिए दोस्तों के दबाव में आकर बच्चे व्यसन करने का शिकार बन जाते हैं।

» **शर्मिंदा महसूस करना** : एक औसत अच्छे स्कूल में आने वाले बच्चे समाज के भिन्न भिन्न वर्गों से आते हैं। सबकी वित्तीय और समाजिक पृष्ठभूमि अलग अलग होती है। विशेषकर वित्तीय पृष्ठभूमि के कारण बच्चों में वैमनस्य पैदा हो जाता है और इसी के कारण बच्चों में झगड़े होने लगते हैं। ग़रीब परिवार के या मध्यम परिवार के जिन बच्चों को माँ-बाप अधिक पॉकेट मनी नहीं दे पाते वह बच्चे अमीर बच्चों के सामने अपने आप को छोटा और शर्मिंदा महसूस करने लगते हैं। उन्हें अपने माँ-बाप पर गुस्सा आने लगता है क्योंकि वे अपने आपको कम आंकने लगते हैं। यह स्थिति बच्चों में दुश्मनी का भाव पैदा कर देती है। जो बच्चे किसी ग्रुप में शामिल नहीं होते उन बच्चों में ऐसे भाव कम ही पैदा होते हैं।

» **बच्चे अपने आप को नुक़सान पहुँचा सकते हैं** : कभी कभी बच्चों पर मित्र मंडली का इतना अधिक दबाव होता है जो उनसे सहन नहीं हो पाता और बच्चे आपे से बाहर हो जाते हैं। अधिकांश बच्चे तो हार कर घर वालों से और दोस्तों से सबसे नाता तोड़ लेते हैं। ऐसी स्थिति में ऐसे बच्चे तनाव में रहने लगते हैं। भगवान न करे तनाव की गंभीर अवस्था में कुछ बच्चे आत्महत्या तक कर लेने को तत्पर हो जाते हैं और कुछ मामलों में तो आत्महत्या कर भी लेते हैं।

b) **गुट-बंदी के अच्छे प्रभाव**

इसका अर्थ यह कदापि नहीं है कि अभिभावक गंदी आदतें सीखने के डर से अपने बच्चों पर तरह तरह की पाबंदियाँ लगा दें और उनको अपने दोस्तों के साथ उठने बैठने और खेलने कूदने से मना कर दें। बच्चों का अपने साथियों के गुट या ग्रुप में रहने के कई लाभ भी होते हैं।

» एक ग्रुप में मिलकर रहने से बच्चों को बहुत कुछ नया सीखने को भी मिलता है। ज़रूरी नहीं कि दोस्तों के प्रभाव में आकर बच्चे बुरी आदतें ही सीखें। ग्रुप में रहकर बच्चे एक दूसरे से अपनी तुलना करते हैं। इस प्रक्रिया में बच्चे अपना विश्लेषण करके अपने जीवन के बारे में सोचने लगते हैं। एक दूसरे को देखकर बच्चे विशेषकर पूरे ग्रुप को देखकर कुछ ऐसे गुण प्राप्त कर सकते हैं जिनसे वास्विक शिक्षा मिलती हो। इतनी शिक्षा बच्चे न तो माँ-बाप से सीखते हैं न ही अपने शिक्षकों से जितनी जल्दी वे अपने मित्रों से सीखते हैं। यदि उनके ग्रुप के सभी साथी कुछ अच्छा करते हैं तो इससे बच्चों में साकारात्मक भाव पैदा होते हैं। उनके सोचने का ढंग बदल सकता है। यदि बच्चा ध्यान दे तो और भी बहुत सी अच्छी आदतें अपने ग्रुप से सीख सकता है।

» ग्रुप में रहने से बच्चों को घर से बाहर का वातावरण मिलता है जिसमें बच्चे कुछ ऐसा सीखते हैं जो घर की चार दीवारी में नहीं सीख सकते। उनका सामना भिन्न भिन्न स्वभाव के बच्चों के साथ होता है। ग्रुप या अपने गुट के प्रभाव में आकर बच्चों को एक अवसर प्रदान होता है जिससे वह दूसरे बच्चों के बारे में अधिक जानकारी प्राप्त कर सकते हैं। उनके रहन सहन का ढंग, पढ़ाई करने का ढंग, खाने पीने का ढंग, उनकी रूचि और अरुचि आदि कुछ ऐसी चीज़ें हैं जिनमें से बच्चे अपने लिए कुछ अच्छी चीज़ों का चुनाव कर सकते हैं।

» भगवान की दया से यदि बच्चों का ग्रुप या गुट अच्छा है तो इसका उनके जीवन तथा व्यक्तिव पर सकारात्मक प्रभाव पड़ सकता है। ग्रुप के कुछ बच्चे तो, जिनको घनिष्ट मित्र कहा जाता है और जो किसी क़िस्म का दबाव भी नहीं डालते परन्तु कुछ अच्छा करने के लिए प्रोत्साहित करते रहते हैं। उनकी सहायता से बच्चे अच्छी आदतें सीखने लगते हैं।

» गुट-बंदी को न तो समाप्त किया जा सकता है और न ही बच्चों को गुट या ग्रुप में रहने से रोकना चाहिए। माँ-बाप को सोचना होगा कि उनके

बच्चे बड़े हो रहे हैं और उन्हें कुछ व्यक्तिगत स्वतन्त्रता की आवश्यकता है। बुरे कामों से रोकना आवश्यक है परन्तु प्यार के साथ न कि जोर जबरदस्ती से। अच्छा होगा यदि बच्चों की दोस्ती पर ध्यान दिया जाए।

बच्चों के दोस्तों पर नज़र रखें

सबसे पहले माँ-बाप को देखना होगा उनके बच्चे के दोस्त कौन हैं। इसके लिए बच्चे के मित्रों को अपने घर आमंत्रित किया जा सकता है, कभी कभी बहाना बना कर, जैसे जन्म दिन या कोई उत्सव पर, इस अवसर पर बच्चे के दोस्तों से बातचीत करें और उनकी आदतों को पहचानने का प्रयास करें।

आपने अपने बच्चों के दोस्तों को अपने घर तो बुला लिया फिर आप उनके सामने अपने बच्चे को डांटने भी लगते हैं। अपने दोस्तों के सामने अपने माँ-बाप से अपनी ही बुराई सुनने का नतीजा बड़ा हानिकारक हो सकता है। आपके लिए भी और आप के बच्चे के लिए भी। ध्यान रखें बच्चे के दोस्तों के सामने उसकी बुराई न करें। इससे बच्चे अपने दोस्तों का मन मोहने के लिए उनकी हर ग़लत बात मानने लगेंगे। बच्चों के दोस्तों के साथ बैठ कर उनकी दिनचर्या पर चर्चा की जा सकती है। इस चर्चा में माँ-बाप को दोस्तों की आदतों, उनके शौक, उनकी पसन्द नापसन्द के बारे में काफी जानकारी मिल सकती है। इस जानकारी के आधार पर माँ-बाप बच्चों के अच्छे और बुरे दोस्तों की पहचान कर पाएंगे।

आजकल टी.वी, स्मार्ट फोन, टैब बच्चों के लिए आम बात हो गई है। बच्चे इनका कैसे प्रयोग करते हैं, दोस्तों को क्या संदेश भेजते हैं, उनके दोस्त कैसे पोस्ट भेजते हैं इन सब बातों पर निगरानी करनी होगी। टी.वी। देखना तो आम बात है पर बच्चे टी.वी पर देख क्या रहे हैं अधिकांश अभिभावकों को इसका ज्ञान नहीं होता।

आजकल के व्यस्त जीवन में माँ और बाप दोनों ही अति व्यस्त रहते हैं। बच्चों के पास बैठ कर उनसे बातें करने का समय न तो माँ के पास है और न ही पिता के पास। ऐसी स्थति में बच्चे भटक कर किसी ऐसे दोस्त की तलाश करने लगते हैं जो उनके मन की बात को सुने। यदि वह दोस्त ठीक नहीं हुआ तो बच्चे को ग़लत आदतें सिखा सकता है। ऐसे माहोल में बच्चों की दोस्ती ऐसे बच्चों से हो जाती है जो पहले से ही बिगड़े हुए होते हैं। गाली देना, मारपीट करना, झूठ बोलना चोरी करना उनकी आदत में शामिल होता है। ऐसी दोस्ती से आपके बच्चे भी वही कुछ सीखेंगे। यदि ऐसा हुआ तो सच मानो आपके बच्चे का भविष्य संकट में है।

बच्चे सहज ही दूसरों की बातों में आ जाते हैं। बच्चे अच्छी आदतों की तुलना में बुरी आदतें जल्दी सीखते हैं। नासमझी में दूसरों की ग़लत आदतें सीखने में उन्हें देर नहीं लगती। परिणाम स्वरूप बच्चे ग़लत दोस्तों की संगत में पड़ सकते हैं।

बच्चों के मित्र बनें

बच्चों के सबसे अच्छे दोस्त उसके माँ-बाप होते हैं। माँ-बाप बने रहने के स्थान पर आपको बच्चों के दोस्त बनने का प्रयास करना चाहिए। आपकी दोस्ती आपके बच्चों के साथ जितनी गहरी होगी आपके बच्चे उतने ही अच्छे संस्कार सीखेंगे।

बच्चे प्यार के भूखे होते हैं। अगर माँ-बाप अपने बच्चों का ध्यान नहीं रखते, उनकी बातें नहीं सुनते तो बच्चे तनाव में रहने लगते हैं। माँ-बाप की अटेंशन पाने के लिए वे जानबूझ कर कुछ न कुछ ग़लत काम करने लगते हैं। बार बार ऐसा करने से ग़लत काम करना उनकी आदत बन सकती है। माँ-बाप को इस दिशा में अधिक सावधान रहने की आवश्यकता है।

बच्चे की दिनचर्या क्या है इसका ज्ञान शायद ही किसी अभिभावक को हो। सारे दिन में आपका बच्चा क्या करता रहता है इसकी जानकारी पाने के लिए माँ-बाप को समय निकलना होगा। इसका सबसे सरल तरीका है बच्चों के साथ उठ बैठ कर उनसे मन की बातें करना उनके दुःख दर्द बाँटना। ध्यान रहे इस काम में बच्चों को ज़रुरत से ज़्यादा लाड प्यार मत करना आरम्भ कर देना। आवश्यकता से अधिक लाड प्यार बच्चों को बिगाड़ देता है।

बच्चों के अच्छे और बुरे मित्रों में भेद करना नहीं आता। यह माँ-बाप का कर्तव्य है कि अपने बच्चों की इसकी विस्तृत जानकारी देते रहें। बच्चों को जो अच्छा लगता है, उन्हें जो पसन्द आता है बच्चे उसे अपनाने लगते हैं। इसी प्रकार बच्चे कुसंगति के शिकार हो जाते हैं। बुरी संगत बच्चों का जीवन चौपट कर सकती है। माँ-बाप को सतर्क रह कर बच्चों को बुरी संगत से बचाना होगा अन्यथा बच्चे का भविष्य अंधकारमय हो सकता है।

जब भी इन्सान कोई ग़लत काम करता है तो उसके मन पर एक भोझ बना रहता है। वह अपने आपको मन ही मन दोषी भी मानता है। परन्तु सबके सामने अपने दोष को स्वीकार नहीं करना चाहता। दोषी व्यक्ति सदैव तनाव में रहता है बच्चे भी इस प्रक्रिया से अछूते नहीं रहते। ग़लत संगत में पड़ कर ग़लत काम करने से उनके मन पर भी दबाव बना रहता है और वे तनाव का शिकार हो जाते हैं। समय रहते यदि बच्चों के तनाव

को दूर नहीं किया जाए तो इसके दूरगामी परिणाम होते हैं। अतः माँ-बाप को चाहिए वे बच्चों को तनाव से दूर रखें। बच्चों में तनाव के कुछ लक्षण होते हैं जिन्हें जानना माँ-बाप के लिए बहुत आवश्यक है। ऐसे ही कुछ उधारण नीचे दिए गए हैं जिनसे बच्चों के तनाव का पता लग सकता है :-

» बात बात पर अपने दोस्तों की शिकायतें करना।

» अपने दोस्तों के साथ लड़ाई झगड़ा करते रहना।

» पल में तोला और पल में माशा होना।

» अपनी पढ़ाई पर ध्यान न देना।

» उखड़े उखड़े रहना।

» दोस्तों से हार जाना।

» बहाने बनाना, सिर दर्द, पेट दर्द रहना।

» बात बात पर घबरा जाना और नर्वस होना।

बाल्यावस्था बड़ी नाज़ुक उम्र होती है। इस आयु में बच्चों को फुसलाना या बहकाना बहुत आसान होता है। स्कूल के साथ साथ बच्चे बाहरी दुनिया के सम्पर्क में भी आते हैं और बाहरी चीज़ों और लोगों का उनपर अच्छा खासा प्रभाव पड़ता है। इसी उम्र में बच्चों के व्यक्तिव का विकास भी होता है। बच्चों की संगत, दोस्ती और उनके क्रियाकलापों के प्रति सतर्क रहने की आवश्यकता होती है। बच्चों की सुरक्षा के लिए माँ-बाप को कुछ उपाए पहले से ही कर लेने चाहिएँ जैसे :-

आपको अपने बच्चों की दिनचर्या में सहयोग देना चाहिए। अधिकांश अभिभावक शायद व्यस्तता के कारण ऐसा नहीं कर पाते और यह कार्य दूसरे लोगों पर छोड़ देते हैं। विशेषकर तब जब बच्चों को अकेला समय व्यतीत करना पड़ता हो। ऐसे मौकों पर उन लोगों का बच्चों पर काफी प्रभाव हो जाता है और उनकी संगत में बच्चे ग़लत आदतें सीख सकते हैं। माँ-बाप को ऐरो लोगों की और बच्चों के उन दोस्तों की एक सूचि बना लेनी चाहिए। इनमें जो अनावश्यक प्रकार के दोस्त हों, जो बच्चों का समय बर्बाद करते हों, जो दोस्त बच्चों को बुरे काम करने के लिए उकसाते हों, जिन से बच्चे बुरी आदतें सीखते हों उन सभी लोगों के नाम सूचि में से काट दीजिए और बच्चों को प्यार से बात चीत करके उनसे सम्बन्ध न रखने के लिए उनकी मर्ज़ी से सहमत कीजिए।

यदि अभिभावक अपने बच्चों पर ज़रुरत से ज्यादा भरोसा करते हैं और यह सोचते हैं कि उनका बच्चा बुरी संगत में रह कर भी बुरी आदतें नहीं सीखेगा तो यह उनकी

भयंकर भूल होगी। यह कदापि संभव नहीं हो सकता कि एक बच्चा बुरे बच्चों के साथ रहने के बावजूद अच्छा बच्चा बना रहे या उनके प्रभाव में न आए। खरबूज़ा खरबूज़े को देखकर रंग बदलता ही है।

5

आधुनिक जीवन शैली का
बच्चों पर प्रभाव

अभी अधिक समय नहीं बीता जब अभिभावक विशेषकर पिता अपने बच्चों से कुछ दूरी बना कर रहता था ताकि घर में एक अनुशासन बना रहे। पिता के घर आते ही शरारती बच्चे भी सहम जाते थे और अपनी शरारतें बन्द कर देते थे। उन्हें पिताजी के गुस्से से डर लगता था। पिता को कहने वाली हर बात अपनी माँ के माध्यम से कहते थे। अधिकांश परामर्श देने वाले सलाहकार आजकल माँ-बाप को अपने बच्चों का दोस्त बन जाने का परामर्श देते हैं और माँ-बाप उनका कहना मानते भी हैं। इस दृष्टि से हर माँ-बाप चाहता है कि उनका बच्चा उनसे अपने मन की हर बात शेयर करे। लेकिन ऐसा होना संभव नहीं होता। बच्चे जो बातें अपने दोस्तों से खुल कर करते हैं उनमें से कुछ बातें वे अपने अभिभावकों के साथ नहीं कर सकते। यह दूरी बनी रहे तो अच्छा वरना बच्चे को हर बात बताने को मजबूर करने के पश्चात् बच्चे अपनी हद पार भी कर सकते हैं। लेकिन आजकल तो बच्चों का लालन पालन पत्र पत्रिकाओं में छपे लेखों या टी.वी पर प्रसारित कार्यक्रमों के अधार पर होने लगा है जहाँ आजकल के मनीषी बच्चों को अपना अन्तरंग मित्र बनाने की सलाह देते हैं। आधुनिक परिवेश में तो बच्चे

राजा रानी की कहानी सुनने या खेल मैदान में खेलने के स्थान पर अपना मनोरंजन स्मार्ट फोन पर करने लगे हैं। स्मार्ट फोन पर कार्टून्स को देखकर बच्चे भी कार्टून के करेक्टर जैसा व्यवहार करने लगते हैं। गोली-बंदूक और मार-धाड़ करने वाले चरित्रों को देखकर बच्चों के मन में भी उग्र भाव उत्पन्न होने लगते हैं। ये उग्र भाव कभी कभी हिंसात्मक भी हो जाते हैं।

नरेश गोयल बहुत सफल व्यापारी हैं। उनका एकमात्र बेटा मनीष शहर के नामी ग्रामी स्कूल में पड़ता है। पिता बहुत अमीर हैं और अपने बेटे से बहुत प्यार करते हैं। नरेश अपने बेटे के अन्तरंग मित्र भी हैं। उसकी हर इच्छा पल भर में पूरी कर देते हैं। बेटे के कहने पर उन्होंने स्कूल जाने के लिए एक बड़ी गाड़ी खरीदी, कार्टून देखने के लिए एक बहुत बड़ा टी.वी खरीदा, नए ज़माने का स्मार्ट फोन उसको लाकर दिया। आठवीं कक्षा में कम अंक आने पर एक बार उसकी माँ ने उसे डांट दिया। फिर क्या था मनीष ने सामने पड़ा पिता का चमड़े का जूता अपनी माँ के सिर पर दे मारा। मनीष ऐसी हरकते पहले भी कर चुका था लेकिन उसकी इन हरकतों को गंभीरता से नहीं लिया गया। बच्चे का मित्र बनने का यह अर्थ नहीं है कि उसकी हर नाजायज़ मांग मान ली जाए या उसे बड़ो का अपमान करने की छूट दे दी जाए। व्यक्ति जितना अमीर होता है उसके पास बच्चों के लिए समय नहीं होता। बच्चों को समय न देकर उन्हें भांति भांति के अन्य उपकरण दे दिए जाते हैं। इन सब उपकरणों से न तो बच्चे का विकास हो पाता है और न ही बच्चा अच्छे संस्कार सीख पाता है।

वास्तविक बात यह कि माँ-बाप के पास बच्चों के उचित विकास पर ध्यान देने का समय ही नहीं है। आधुनिक जीवन शैली का दुष्प्रभाव प्रायः हर परिवार को झेलना पड़ रहा है। आजकल अभिभावक अपने आप को अधिक से अधिक आधुनिक बनाने की दौड़ में शामिल हो रहे हैं। एक तो उनके पास पहले ही समय कम है और फिर नए से नए उपकरण खरीद कर दूसरों पर रॉब जमाने की प्रतिस्पर्धा। अभिभावकों द्वारा आधुनिक से आधुनिक बनने का दिखावा करने की प्रतिस्पर्धा में बच्चों का भविष्य खराब हो रहा है। आधुनिक जीवन शैली में माँ-बाप के पास अपने लिए भी समय नहीं है तो वे बच्चों के लिए समय कैसे निकालेंगे। समय नहीं है तो क्या हुआ पैसा तो कमा रहे हैं और इस पैसे से बच्चों को भी नए से नए उपकरण खरीद कर दे देने से बच्चे खुश हो जाएंगे और उनका समय भी पास हो जाएगा। नई जीवन शैली में यही विचार प्रभावशाली हो रहा है। लेकिन बच्चों को चाहिए क्या? क्या उन्हें वास्तव में नए उपकरणों की आवश्यकता है? क्या नए-नए खिलोने प्राप्त करके बच्चे खुश रह सकते हैं और क्या ऐसी वस्तुओं से उनके जीवन का विकास हो सकता है? बच्चों की वास्तविक आवशकता पर ध्यान देने की लिए आधुनिक जीवन शैली में कोई स्थान नहीं है।

बच्चे माँ-बाप से क्या चाहते हैं? थोड़ा सा समय और प्यार। लेकिन आजकल माँ-बाप के पास अपने बच्चों के लिए समय नहीं होता। इसके उल्ट माँ-बाप अपने बच्चों के अच्छे भविष्य के लिए दिन रात अधिक से अधिक धन कमाने में व्यस्त रहते हैं। वे कहते हैं कि उनके बच्चों को दुनिया की हर सुविधा उपलब्ध हो। इसी उधेड़बुन में माँ-बाप अपने बच्चों को समय नहीं देते। दूसरी ओर बच्चे अपने माँ-बाप के सानिध्य के लिए तरसते रहते हैं। बच्चे अधिक से अधिक समय अपने माँ-बाप के साथ गुज़ारना पसन्द करते हैं।

माँ-बाप का लक्ष्य अलग है और बच्चों का लक्ष्य अलग है। माँ-बाप अधिक धन कमाने के चक्कर में अपने बच्चों को समय नहीं दे पाते और बच्चे अपने माँ-बाप का सानिध्य प्राप्त नहीं कर पाते। ऐसी स्थिति में बच्चे अपने मन की करने लगते हैं। पढ़ाई से जी चुराना, छुप छुप के गंदी साइट्स देखना, माँ-बाप की अनुपस्थित में दूसरे व्यस्क लोगों के साथ सम्बन्ध बनाना। कुछ बच्चे अपना समय कंप्यूटर पर गेम्स खेलने, MP3 पर गाने सुनने में व्यतीत करने लगते हैं। जब माँ-बाप अपने बच्चों के पास नहीं होते तो बच्चों को अकेलापन महसूस होने लगता है और अकेलेपन की समस्या अधिक गंभीर हो सकती है। बच्चे मायूस तो रहने लगते हैं इसके साथ साथ उन्हें और भी कई समस्याएँ हो सकती हैं जैसे :–

» एकाकीपन से बच्चों का मनोबल गिरने लगता है उन्हें लगता है कि उन्हें कोई नहीं चाहता, कोई उनसे प्यार नहीं करता। ऐसी स्थिति में उनकी हिम्मत टूट जाती है। वे अपने आप को नकारा समझने लगते हैं।

» अकेलेपन से बच्चों में उदासी छा जाती है। उदास बच्चे अपने आप को दूसरों से अलग कर लेते हैं। किसी से मिलना तो दूर वे अपने दोस्तों का साथ भी छोड़ देते हैं। अन्दर ही अन्दर घुटते रहने से बच्चों का स्वास्थ तो बिगड़ता ही है उनकी दिनचर्या पर भी विपरीत प्रभाव पड़ता है।

» अकेलेपन के प्रभाव से बच्चों की कार्य कुशलता पर विपरीत प्रभाव पड़ता है। पढ़ाई लिखाई में पिछड़ने लगते हैं और अन्य काम करने की रूचि भी उनमें समाप्त हो जाती है। यदि बच्चा कुछ न कुछ नया करता रहे तो उसमें उत्साह बना रहता है। यदि बच्चे कुछ भी न करे तो उनका मानसिक संतुलन डगमगाने लगता है।

» यदि यह स्थिति काफी समय तक बनी रहे तो बच्चे समझने लगते हैं कि माँ-बाप, दोस्त और दूसरे लोगों ने उन्हें रिजेक्ट कर दिया है। उनकी परवाह कोई नहीं करता। दूसरों का ध्यान आकर्षित करने के लिए बच्चे ऐसे काम

> करने लगते हैं जो उनको नहीं करने चाहिएँ जैसे घर की वस्तुएं तोड़ना, गाली गलोच करना, मार पीट करना, बड़ों की आज्ञा न मानना। यहाँ तक कि कुछ बच्चे स्मोकिंग करना, ड्रग्स लेना भी शुरू कर देते हैं। वे चाहते हैं की उनकी परवाह की जाए।

ऐसा प्रायः उन बच्चों के साथ होता है जिनके माँ-बाप बहुत व्यस्त रहते हैं। या तो वे उच्च पदों पर आसीन होते हैं या बड़े व्यवसाय के मालिक होते हैं। धनी होने के कारण बच्चों की देखभाल के लिए कई कई नौकर होते हैं पर बच्चे नौकरों का सानिध्य नहीं अपने माँ-बाप का सानिध्य चाहते हैं। बच्चों को चॉकलेट देने, खिलोने देने या पॉकेट मनी देने भर से माँ-बाप का काम समाप्त नहीं होता। न ही बच्चे अधिक समय तक टेलीविज़न देख सकते हैं न ही खिलोनों से खेल सकते हैं। माँ-बाप की उपस्थिति ही बच्चों को इस मुसीबत से बचा सकती है।

जो माँ-बाप अधिक व्यस्त होते हैं उनके पास समय नहीं होता। न तो वह बच्चों के पास बैठ सकते हैं न ही उनकी बातें सुन सकते हैं। बच्चा जो कुछ अपने माँ-बाप को कह सकता है वह बात किसी और को नहीं बता सकता। माँ-बाप के पास उनकी बात सुनने का समय ना होने के कारण बच्चों के मन में कुंठा घर कर जाती है। कुंठा एक ऐसी गांठ होती है जिससे अन्दर ही अन्दर वैमनस्य पलता है। वैमनस्य से ग्रस्त बच्चे दुश्मनी पर उतर आते हैं। या तो वे आत्महत्या कर लेते हैं या किसी नज़दीकी की हत्या कर देते हैं। आजकल समाचार पत्रों में 14-15 वर्ष के बच्चों द्वरा अपने किसी स्कूल के साथी की या फिर अपने किसी रिश्तेदार की हत्या के समाचार आए दिन छपते रहते हैं। यदि उधारण एकत्र किए जाएँ तो संक्षेप में ऐसा करना संभव नहीं होगा। आजकल के वातावरण में अधिकतर माँ-बाप की लापरवाही के कारण बच्चों में हिंसा की प्रवृती बढ़ती जाती है। कुछ बच्चे तो अपने माँ-बाप की हत्या करने से भी नहीं चूकते।

स्कूल में शिक्षक भी बच्चों की हिंसात्मक प्रवृती से परेशान रहते हैं। थोड़ी सी सज़ा देने पर बच्चे शिक्षकों को भी नहीं बख्शते। ऐसा उन बच्चों के साथ अधिक होता है जिनके अभिभावक कठोर स्वभाव के होते हैं। छोटी-छोटी ग़लती पर बच्चों को अधिक से अधिक दण्ड देते हैं। बच्चों को माँ-बाप अधिक से अधिक सुविधाएँ तो दे देते हैं परन्तु उनके सुख दुःख नहीं बांटते। सुविधाएँ देने के स्थान पर यदि अभिभावक अपने व्यस्त समय में से कुछ समय ड्यूटी मान कर अपने बच्चों के साथ बिताना आरम्भ कर दें तो बच्चों के व्यवहार में आशातीत प्रगति हो सकती है।

धन या बच्चे

अभिभावक सोचते हैं कि उनका बच्चा सबसे सुखी बच्चा है क्योंकि उन्होंने अपने बच्चे को दुनिया की सब सुविधाएँ उपलब्ध करा रखी हैं। उनके बच्चे के पास आधुनिक उपकरण हैं, स्मार्ट फोन है, टेबलेट है, निजी कंप्यूटर है, नए-नए वस्त्र हैं, खेलने का तमाम साजो समान है, उसे इतनी अधिक पॉकेट मनी दी जाती है जिससे वह अपनी सभी अतिरिक्त इच्छाएं पूरी कर सकता है। पढ़ने के लिए दो दो ट्यूटर लगा रखे हैं, सेवा के लिए दो दो नौकर हैं, स्कूल जाने के लिए वातानुकूलित बड़ी कार है। माँ-बाप सोचते हैं इतना कुछ होने के पश्चात् बच्चे को किसी और वस्तु की आवश्यकता नहीं होनी चाहिए अतः हमारा बच्चा सबसे सुखी बच्चा है। दूसरे शब्दों में कहें तो ऐसे अभिभावक अपने बच्चों के सुख दुःख को धन के तराज़ू पर तौलते हैं। धन है तो सब कुछ अच्छा ही अच्छा है। अगर ध्यान से सोचा जाए तो हम पाएँगे कि दुनिया के धनी व्यक्तियों के पास पैसा तो बहुत होता है लेकिन उनके पास दो मिनट का समय नहीं होता कि अपने बच्चों से खुल कर बात कर सकें। उनके एक एक सैकिंड की कीमत होती है। बच्चों से बात करने में वे जितना समय गवाएंगे उतने समय में तो वे लाखों रूपये कमा लेंगे। बच्चों के साथ समय व्यतीत करने का अर्थ है धन की हानी करना। वे भूल जाते हैं कि :–

धन से साधन ख़रीदे जा सकते हैं सुख नहीं।
धन से वस्तुए ख़रीदी जा सकती हैं चैन नहीं।
बिस्तर ख़रीदा जा सकता है नींद नहीं।
धन से चरित्र नहीं ख़रीदा जा सकता।

धन से बच्चों के लिए न तो संस्कार खरीदे जा सकते हैं न ही चरित्र खरीदा जा सकता है। बच्चों के चरित्र के निर्माता तो माँ-बाप ही होते हैं। जब माँ और बाप दोनों कमाते हों तो घर की आर्थिक स्थिति अच्छी होती है। जब आर्थिक स्थिति बहुत अच्छी होती है तो यह संयम और नियमों को तोड़ने लगती है। अभिभावक अनाप शनाप के कार्यों में व्यस्त हो जाते हैं। जो समय वे अपने बच्चों को दे सकते हैं उस समय को इन व्यर्थ के कार्यों में गवां देते हैं। बच्चों को समय न दे पाने के अनेक बहाने बनाए जाते हैं जैसे :–

» कभी कभी क्लब चले जाते हैं ताकि कुछ रिलीफ मिले।

» सप्ताहांत में पार्टी का आयोजन हो जाता है।

» जब पति पत्नी दोनों ही काम करते हैं तो कुछ समय मनोरंजन के लिए चाहिए।
» छुट्टी के दिन घर के बहुत काम करने पड़ते हैं।
» बच्चे तो कार्टून देखना पसन्द करते हैं।
» बच्चों को कंप्यूटर पर गेम्स खेलना पसन्द है।
» बच्चे अपने दोस्तों के साथ खुश रहते हैं।
» शाम के समय बच्चों के पढ़ने का समय होता है।

बहाने तो बहुत हैं कुछ कहने की आवश्यकता नहीं। बच्चों को समय न देने के बहाने बहुत हो सकते हैं लेकिन माँ-बाप इस बात पर ध्यान नहीं देते कि इसका बच्चों के जीवन पर कितना बुरा प्रभाव पढ़ सकता है।

बच्चों के साथ समय बिताने के लाभ

शिक्षा सम्बन्धी लाभ

बच्चों के साथ समय बिताने से न केवल बच्चों का मानसिक और सामाजिक विकास होता है बल्कि इससे उनकी पढ़ाई पर भी दीर्घकालीन अच्छा प्रभाव होता है। जिन बच्चों के माता पिता अपना समय बच्चों के साथ बिताते हैं वे बच्चे अपने साथियों के मुकाबले पढ़ाई में अधिक होशियार होते हैं। उनमे आत्म विश्वास अधिक होता है। बच्चों के साथ रहने का सबसे बड़ा लाभ तो यह है कि उनकी दिनचर्या पर माँ-बाप की निगाह रहती है और समय रहते उनकी कमज़ोरियों को दूर किया जा सकता है। परिणाम स्वरूप बच्चों को परीक्षा में अच्छे अंक प्रप्त होते हैं। बच्चा उत्साह से भर जाता है दोस्तों में उसका सम्मान बढ़ जाता है और वह खुश रहने लगता है। ख़ुशी बच्चों के व्यक्तित्व में निखार ला देती है।

मानसिक तनाव

जिन बच्चों के माँ-बाप सारा दिन घर से बाहर रहते हैं। जब बच्चे सुबह जागते हैं तो माँ-बाप जा चुके होते हैं, जब वे स्कूल से आते हैं, होम वर्क करते हैं, शाम को खेलने जाते हैं, डिनर करते हैं यहाँ तक की उनके सोने के समय तक माँ-बाप घर पर नहीं होते उन बच्चों में मानसिक तनाव दूसरे बच्चों की तुलना में अधिक रहने लगता है विशेषज्ञों का मानना है कि माँ-बाप के सानिध्य और बच्चों के व्यक्तित्व विकास का आपस में

गहरा सम्बन्ध होता है। यह सानिध्य जितना अधिक होगा बच्चा न केवल उतना ही बुद्धिमान व कुशल होगा बल्कि वह आत्म-सम्मान से पूर्ण, संयमी और आज्ञाकारी होगा।

बच्चों के मन में लगाव

यह तो निश्चित ही है जब तक माँ-बाप बच्चों के साथ होते हैं बच्चे कोई ग़लत काम करने की हिम्मत नहीं करते। साथ रहने का मतलब साथ साथ उठने बैठने या साथ साथ चलने फिरने से नहीं होता। साथ रहने का असली लाभ बच्चों से बात चीत करने से होता है। इस बात चीत में भी केवल अपनी कहानी नहीं सुनानी होती बल्कि बच्चों के मन की बात सुननी होती है। बच्चों को सुनना एक कला है। इसमें बहुत धैर्य की आवश्यकता होती है। माँ-बाप द्वारा धैर्य से बच्चों से वार्तालाप करने से बच्चों के मन में घर के प्रति लगाव पैदा होता है। माँ-बाप के साथ लगाव पैदा होने से बच्चे बुरी आदतों के शिकार नहीं होते।

देखा गया है कि जो माँ-बाप बच्चों के साथ पर्याप्त समय व्यतीत नहीं करते उनके बच्चे अक्सर नशे के शिकार हो जाते हैं या बुरी संगत में फस जाते हैं। एक बार नशे का आदि हो जाने के बाद इस आदत को छोड़ना बड़ा मुश्किल हो जाता है। बच्चों के साथ समय बिताने की फुर्सत नहीं है कहने से काम नहीं चलेगा। टी.वी देखते वक्त, खाना खाते वक्त, शोपिंग करते वक्त या फिर ड्राइविंग करते वक्त भी बच्चों से बात चीत करते रहने से भी उनके मन में घर के प्रति लगाव पैदा किया जा सकता है। लगाव भी एक प्रकार का नशा है। जिस बच्चे को घर और माँ-बाप से लगाव हो गया समझो उस बच्चे को किसी और नशे की आवश्यकता नहीं होती।

ख़तरनाक आदतों से बचाव

यदि बच्चों का घर के साथ या माँ-बाप के साथ लगाव नहीं बन पाता तो इसके परिणाम बहुत भयानक हो सकते हैं। विशेषज्ञों का मानना है कि जिन बच्चों का लगाव अपने माँ-बाप से नहीं होता वो बच्चे असमाजिक और अपराधिक गतिविधियों में शामिल हो सकते हैं। तम्बाकू तथा शराब के आदि हो सकते हैं, इसके अतिरिक्त ऐसे बच्चे अनेक प्रकार के अपराध करने लगते हैं जिससे न केवल उनका भविष्य खराब होता है बल्कि माँ-बाप की साख को बट्टा लग सकता है। इसके विपरीत यदि बच्चों का लगाव माँ-बाप से है तो बच्चों को लगता है कि उनको कोई प्यार करने वाला है और वे अपने आप को महत्वपूर्ण समझने लगते हैं। ऐसी स्थति में वे अपने माँ-बाप का हर कहना मानने

लगते हैं और उनके आदर्शों को अपना लेते हैं। माँ-बाप को भी अपने बच्चों के गुणों और अवगुणों का ज्ञान हो जाता है। जिससे वे अपने बच्चों की कमज़ोरियों को दूर करने के लिए उनका मार्गदर्शन कर सकते हैं। इस माहोल में बच्चे भी ख़ुशी ख़ुशी अपने मन की सारी बातें बता देते हैं। जब बच्चों और माँ-बाप में कुछ छुपा नहीं रहता तो लगाव अधिक घनिष्ट हो जाता है।

बच्चों पर अपनी इच्छा थोंपना

अधिकांश अभिभावक अपने बच्चों का भविष्य स्वयं ही निर्धारित कर लेते हैं। उनको यह परवाह नहीं होती कि उनका बच्चा क्या करना चाहता है। माँ-बाप बस अपनी इच्छा उन पर लाद देते हैं। कोई कहता है मेरा बेटा डाक्टर बनेगा, कोई कहता है मेरा बेटा इंजीनियर बनेगा। सब अपनी सोच बच्चों पर लादना चाहते हैं। जब बच्चे अपनी रूचि किसी अन्य क्षेत्र में दर्शाते हैं तो माँ-बाप आपे से बाहर हो जाते हैं। बच्चों की एक नहीं सुनते और उन्हें वही करने को बाध्य करने लगते हैं जो वो सोचते हैं। यहीं से बच्चों और माँ-बाप के विचारों में अन्तर आना आरम्भ हो जाता है। बच्चा कुछ और करना चाहता है और माँ-बाप कुछ और चाहते हैं। माँ-बाप अपने बच्चों से ज़बरदस्ती अपनी बात मनवाने का ज़ोर डालने लगते हैं। अब वातावरण तनाव पूर्ण हो जाता है और बच्चे तनाव से ग्रस्त हो जाते हैं। बच्चों की मूल सोच को समझने की आवश्यकता होती है। ऐसी स्थिति में माँ-बाप को बच्चों से खुल कर बात करनी चाहिए और उनके सन्मुख विकल्प प्रस्तुत करने चाहिएँ। कुछ विकल्प आसान हो सकते हैं तो अन्य विकल्प कठिन भी हो सकते हैं। कभी कभी बीच का रास्ता भी अपनाया जा सकता है। मनोविज्ञानिकों का मानना है कि माँ-बाप को जबरदस्ती नहीं करनी चाहिए ज़बरदस्ती के परिणाम बुरे हो सकते हैं। इससे बच्चों का मानसिक तनाव बढ़ सकता है।

सुरक्षा का भाव

बच्चों के मानसिक तनाव का मुख्य कारण होता है असुरक्षा का भाव। जब बच्चे अपने आप को असुरक्षित महसूस करते हैं तो उनका मानसिक संतुलन बिगड़ सकता है। माँ-बाप को उनके सामने आदर्श प्रस्तुत करना चाहिए। उन्हें दिखाना होगा कि वे अपने बच्चे की हर हालत में सुरक्षा कर सकते हैं। जब बच्चे को यह लगने लगता है कि उसका परिवार उसकी रक्षा करने में सशक्त और सक्षम है तो न केवल उनका आत्म-बल बढ़ेगा बल्कि वे अपने आप को भी सशक्त समझने लगेंगे। यह सब तभी संभव होता है

जब बच्चों का लगाव माँ-बाप और अपने परिवार के साथ घनिष्ट हो। बच्चों के मानसिक तनाव का सम्बन्ध अधिकतर इस बात पर निर्भर करता है कि माँ-बाप के साथ उनका लगाव कितना है और उसके माँ-बाप को उसकी भावनाओं की परवाह कितनी है। यदि लगाव में कमी रहे या माँ-बाप बच्चो को हर समय डांटते फटकारते रहें तो निश्चय ही बच्चे मानसिक तनाव के शिकार हो जाएँगे और वे दुर्गुणों की खान बन सकते हैं।

संस्कार / नैतिक शिक्षा

कभी एक ज़माना था जब बच्चों को स्कूल में नैतिकता का पाठ भी पढ़ाया जाता था। हर कक्षा की पुस्तक में किसी ऐसे महापुरुष की जीवनी होती थी जिसने अपने व्यक्तिगत स्वर्थों और सभी सुख सुविधाओं का त्याग करके अपना जीवन समाज सुधारों में लगा दिया था। अब वे पुराने दिन भी नहीं रहे जब दादा दादी नाना नानी अपने सुख दुःख को भुला कर मानवीय मूल्यों, अच्छे संस्कार और उच्च चरित्र की अमूल्य सीख देते थे। आजकल तो अपराधिक प्रवृती के राजनेता ही बच्चों के आदर्श बनते जा रहे हैं। बच्चों को ऐसी शिक्षा दी जा रही है जिससे बच्चे वह सब अच्छा या बुरा करना सीख रहे हैं जो उनके व्यक्तिगत हित में हो। भले ही उनके कार्यों से दूसरों का और समाज का नुक़सान हो रहा हो। आज बच्चों को नैतिक शिक्षा अथवा अच्छे संस्कार सिखाने का समय किसी के पास नहीं है। शिक्षक सोचता है उसकी कक्षा का बच्चा अधिक अंक प्राप्त करे। अतः शिक्षक तोता रटंत शिक्षा को अधिक महत्व देते हैं और माँ-बाप सोचते हैं कि उनका बच्चा बड़ा होकर अधिक से अधिक धन कमाए। ऐसी स्थति में बच्चे गुमराह हो रहे हैं। महान उद्योगपति रत्न टाटा का कहना है कि अपने बच्चों को अधिक शिक्षित बनाने के स्थान पर उन्हें एक अच्छा इन्सान बनाए।

समाज में इन्सान की पहचान दो कारणों से होती है। संस्कार और शिक्षा। एक अति शिक्षित व्यक्ति यदि चरित्रहीन हो तो उसकी शिक्षा उसे समाज में कोई सम्मान नहीं दिला सकती। यदि कोई व्यक्ति कम शिक्षित हो परन्तु चरित्रवान हो और मानवीय मूल्यों को महत्व देता हो तो समाज उसे सिर आँखों पर बिठाता है। अच्छे संस्कार जीवन की नीव होते हैं। संस्कारों ने व्यक्ति को सदा सुखी किया है और जो संस्कारहीन हैं उन्हें अन्ततः पछताना पड़ता है।

किसी भी वृधाश्रम में चले जाइए वहाँ रहने वाले अधिकांश वृद्धों के बच्चे डॉक्टर, इंजीनियर, उद्योगपति अथवा धनि होते हैं। आपको वृधाश्रम में ऐसे वृद्ध कम ही मिलेंगे जिनके बच्चे अशिक्षित हैं या ग़रीब हैं। सभी माँ-बाप के बच्चे अच्छे पदों पर कार्य करते हैं फिर भी उनके घर में अपने बूढे माँ-बाप के लिए कोई स्थान नहीं है। हम हर रोज़

समाचार पत्रों में ऐसे किस्से पढ़ते रहते हैं जब बच्चों ने अपने असहाए माँ-बाप को घर से निकाल दिया हो। यहाँ तक कि कुछ बच्चे तो माँ-बाप की सम्पत्ति हड़पने के लिए उनकी हत्या भी कर देते हैं। इन सब का मूल कारण है बच्चों में अच्छे संस्कारों का आभाव।

अगर माँ-बाप बच्चों को कुछ अच्छा दे सकते हैं तो वह है अच्छे संस्कार। अच्छे संस्कारों से बच्चा दूसरे लोगों की भावनाओं का सम्मान करना सीखता है, उनके सुख दुःख का साथी बनता है उसमें अपनत्व का भाव पैदा होता है और वह खुद को महत्व देने लगता है। संस्कारी बच्चा सदैव अपने माँ-बाप का सम्मान करता है, उनकी हर आज्ञा का पालन करता है खुद कष्ट उठा कर माँ-बाप को सुख प्रदान करता है। अच्छे संस्कार सीखने के लिए किसी प्रशिक्षण की आवश्यकता नहीं, किसी विश्विद्यलय में संस्कार सीखने नहीं जाना पड़ता। संस्कार तो बच्चों को माँ-बाप से धरोहर के रूप में मिलते हैं। अगर माँ-बाप संस्कारी हैं तो उनके बच्चे भी संस्कारी बनेंगे। अच्छे संस्कारों से बच्चों का भविष्य तो सुंदर बनेगा ही माँ-बाप की प्रतिष्ठा भी बड़ेगी।

दुर्भाग्य है कि आधुनिक जीवनशैली में हमारे संस्कारों, चरित्र और नैतिकता का लगातार ह्रास हो रहा है। समाज का जीवन बहुत व्यस्त हो गया है और इतनी तीव्र गति से चल रहा है कि न तो शिक्षकों के पास और न ही माँ-बाप के पास अपने बच्चों को अच्छे संस्कार सिखाने का समय है। फलस्वरूप आजकल बच्चों का चाल चलन बिगड़ता जा रहा है। जिस आयु में बच्चे अपनी पढाई या खेल कूद में व्यस्त रहते थे आज के ज़माने में बच्चों के लिए झूठ बोलना, छेड़ छाड़ करना, धुम्रपान करना, मार पीट करना, चोरी करना तो आम बात है वे तो रेप जैसे गंभीर अपराध करने से भी नहीं चूकते। स्कूल में शिक्षकों की अवमानना, स्कूल से भाग कर अश्लील पिक्चर देखना और न जाने क्या क्या करना आम बात हो गई है।

बच्चे तो अपराधिक गतिविधियों में लिप्त हैं परन्तु न माँ-बाप को न ही शिक्षकों को इसकी परवाह है। किसी के पास बच्चों को अच्छे संस्कार देने का समय ही नहीं है। उन्हें नमस्ते, धन्यवाद, सॉरी जैसा मामूली शिष्टाचार निभाना भी नहीं आता। उन्हें अपने ग़लत कामों का पछतावा भी नहीं होता। वे समझते हैं हम जो कर रहे हैं वही ठीक है। परिणामस्वरूप बच्चों में अपराधिक प्रवृति दिन ब दिन बढ़ती जा रही है बल्कि बच्चों की माँ-बाप से और समाज से दूरियाँ भी बढ़ती जा रही हैं। जब रिश्तों में दूरियाँ बढ़ जाती हैं तो बच्चे मनमानी करने लगते हैं। कुछ उधारण तो हमारे समक्ष हैं जैसे:

स्कूल में हिंसा करना

आए दिन समाचारपत्र बच्चों की हिंसा के समाचार छापते रहते हैं। मामूली मारपीट तो ठीक हो सकती है अब तो बच्चे स्कूलों में हथियार तक ले जाते हैं। एक बड़े बच्चे द्वारा किसी छोटे बच्चे की हत्या कर देने के कई मामले सामने आए हैं।

दूषित विचार

अच्छे विचारों का संचार होता है अच्छे वातावरण से, अच्छी संगत से, और अच्छे लोगों का अनुसरण करने से। जब आस पास के लोग और विशेषकर माँ-बाप ही अच्छे विचारों की परवाह नहीं करेंगे तो बच्चों में अच्छे विचार कहाँ से आएँगे। अधिकांश माँ-बाप के मन में आधुनिक जीवन शैली के कारण एक ही विचार आता है। साम, दाम, दण्ड, भेद से अपना उल्लू सीधा करना। कुछ लोग तो अपने हित साधने के लिए अपने प्रिय रिश्तेदारों को भी नहीं छोड़ते। जिन बुज़ुर्गों ने उनके लालन पालन में अपनी जवानी गवाई है आज के नौजवान उनको भी भूल जाते हैं। ऐसे वातावरण में पलने वाले बच्चों के विचार भी दूषित हो जाते हैं। ग़लत काम करना, ग़लत संगत में रहना और दूसरों को धोखा देना उनके जीवन का अंग बन जाता है। जो अपने सगे सम्बन्धियों की परवाह नहीं करते उनके बच्चे माँ-बाप की परवाह करना भी छोड़ देते हैं। इस वातावरण में आपसी रिश्तों या सम्बन्धों का कोई महत्व नहीं रहता। कठिन समय पर अपने सम्बन्धी ही काम आते हैं इस बात को आज लोग भूल चुके हैं। इसके प्रभाव के कारण कुछ समय के पश्चात् बच्चों का सम्बन्ध घरवालों से भी कट जाता है, न वो बड़ो की शर्म करते हैं न ही लिहाज़ करते हैं। दीवारों पर, शौचालय में गंदी गंदी बातें लिखना, पोरोनोग्राफी का आदि हो जाना एक आम बात हो गई है। इससे बच्चों के विचार दूषित हो रहे हैं। ये सभी चिन्ह दर्शाते हैं की बच्चों में न तो आत्म सम्मान रहा है न ही वे दूसरों का सम्मान करना जानते हैं।

सामान्य शिष्टाचार

शिष्टाचार का साधारण अर्थ है शिष्ट + आचार अथवा अच्छा व्यवहार। लेकिन व्यवहार क्या है? हम अपने व्यवहार से ही समाज में जाने जाते हैं। हमारा व्यवहार यह तय करता है कि समाज हमें किस दृष्टि से देखता है। हमारे अच्छे व्यवहार से समाज हमें अच्छे व्यक्ति के रूप में जानता है और हमारे बुरे व्यवहार से समाज में हम बुरे व्यक्ति के रूप में जाने जाते हैं। अर्थात व्यवहार वह है जो हम समाज के बन्धनों में रहकर

करते हैं। परन्तु आजकल तो हर व्यक्ति कम से कम बन्धन चाहता है। आधुनिक जीवन शैली में अधिकांश लोग किसी प्रकार के बन्धन में रहना पसन्द नहीं करते। आधुनिक वही कहलाता है जो किसी बन्धन को नहीं मानता। स्वतन्त्र जीवन आधुनिकता की परिभाषा बन गई है। स्वतन्त्र जीवन का मूल मन्त्र है "मैं सर्वोपरि हूँ" जो मैं करता हूँ वही ठीक है। ऐसे लोग अपने ग़लत कामों को भी सही बताते हैं।

आधुनिक कहलाने वाले लोग दूसरों की भावनाओं, विचारों, उनके कष्टों, उनके सम्मान उनकी स्थिति की लेश मात्र भी परवाह नहीं करते। शराब पीना, धुम्रपान करना, बड़ों का सम्मान न करना, देर से सोना, देर से जागना, नशा करना, तेज़ कार चलाना, दूसरों का अपमान करना, ग़रीब लोगों को दुत्कारना, अश्लील हरकते करना इन सबको एक ही तर्क से सही ठहराया जाता है कि "यह मेरा जीवन है, मैं इसका मालिक हूँ, मैं जो चाहूँगा वही करूंगा" संस्कार क्या होते हैं नैतिकता क्या होती है इससे उन्हें कुछ लेना देना नहीं होता। वे तो कानून को भी अपने ठेंगे पर रखते हैं।

यदि अभिभावकों का जीवन ऐसा होगा तो उनके बच्चे अपने अभिभावकों से क्या सीखेंगे? बच्चों की परवरिश में शिष्टाचार एक बड़ी भूमिका निभाता है। समाज में जहाँ जहाँ भी हमारा दूसरे व्यक्तियों से सम्पर्क होता है, वहीं शिष्टाचार की आवश्यकता होती है। समाज के सदस्यों की बात छोड़ भी दें घर परिवार में भी छोटे से लेकर बड़े सदस्यों के साथ सभी जगह शिष्टाचार की आवश्कता पड़ती है। एक तरह से हमारे सम्पूर्ण जीवन में, कार्यालय में, व्यापार में, दोस्ती में, समारोहों में और तो और दैनिक कार्यों में भी शिष्टाचार की आवश्यकता होती है।

शिष्टाचार निभाने की कोई सीमा नहीं होती। जीवन के हर कार्य में, हर क्षेत्र में निम्नतम शिष्टाचार निभाना आवश्यक होता है। स्कूल में शिक्षकों, घर में माँ-बाप तथा बड़े बुज़ुर्ग, दोस्तों, पड़ोसियों, से शिष्टाचार। यहाँ तक कि खाना खाने के शिष्टाचार, समारोह में भाग लेने के शिष्टाचार, बोल चाल के शिष्टाचार, मेहमानबाज़ी के शिष्टाचार, एक दूसरे से मिलने के शिष्टाचार। शिष्टाचार निभाने की कोई सीमा नहीं होती। शिष्टाचार का अर्थ है लोकाचार जिसमें समय स्थान और स्थति के अनुसार शिष्टाचार निभाना होता है। शिष्टाचार के माध्यम से व्यक्ति की आन्तरिक सभ्यता, दूसरों के प्रति सम्मान, सेवा त्याग और माँ-बाप से मिले संस्कारों की झलक दिखाई देती है। शिष्टाचार निभाने से कोई झुक नहीं जाता बल्कि समाज में उसकी प्रतिष्ठा बढ़ती है। जब बच्चे अच्छे शिष्टाचार का प्रदर्शन करते हैं तो समाज न केवल उन बच्चों की प्रशंसा करता है बल्कि उनके माँ-बाप की प्रशंसा भी करता है। इसके विरीत जिस बच्चे के व्यवहार में शिष्टाचार नहीं होता लोग बच्चे को नहीं बल्कि उसके माँ-बाप को कोसते हैं।

संक्षेप में कहें तो बच्चों को शिष्टाचार सिखाने का प्रथम दायित्व माँ-बाप का होता है। पहले तो माँ-बाप केवल अपनी बेटियों की चिन्ता ज़्यादा करते थे लेकिन अब समय आ गया है जब बेटों की चिन्ता भी उन्हें सताने लगी है। विशेषकर टीनऐज बेटों की तरफ विशेष ध्यान देने की आवश्यकता होती है क्योंकि यही वह आयु होती जब बच्चों को ग़लत और सही की पहचान नहीं होती और वे आसानी से ग़लत दिशा को चुन सकते हैं। टीनऐज की गलतियाँ माँ-बाप के लिए बड़ी परेशानी का कारण बन सकती हैं अतः इस आयु के बच्चों के माता पिता को निम्न बातों का ध्यान अवश्य रखना चाहिए :–

1. **आत्म-सम्मान** : यदि बच्चे दूसरों का सम्मान करेंगे विशेषकर बड़ों का तो बदले में उन्हें भी सम्मान मिलेगा। उनकी प्रशंसा होगी तो होगी बल्कि लोग उनके माँ-बाप की प्रशंसा भी करेंगे। इससे बच्चों के आत्म-सम्मान को बल मिलेगा और बच्चे अपनी कद्र करने लगेंगे। इससे उनमें न केवल विश्वास की वृद्धि होगी वे प्रसन्न भी रहेंगे। अपने प्रति साकारात्मक दृष्टिकोण अपनाने से बच्चों का मानसिक स्वास्थ्य ठीक रहता है। जिन बच्चों के संस्कार अच्छे होते हैं वे बच्चे विकट स्थति का सामना भली भांति कर लेते हैं।

2. **दूसरों का सम्मान करना** : हर दिन हम किसी न किसी से मिलते रहते हैं। मिलने पर एक दूसरे का कुशलक्षेम भी पूछते हैं। भारत में तो राह चलते लोगों से भी दुआ सलाम कर देते हैं। दूसरे लोग हमें केवल इस बात से नहीं परखते कि हमारी शिक्षा क्या है, किस स्कूल से पढ़ाई की है, समाज में हमारी हैसियत क्या है। न ही वे हमारी ज़ात पात पूछते हैं। हमें सम्मान हमारे आचरण से मिलता है। हम दूसरों के साथ कैसा व्यवहार करते हैं, दूसरों की सहायता करते हैं या नहीं। उनको सम्मानजनक शब्दों से सबोधित करते हैं या नहीं। सम्मान पाने के लिए स्वयं अपना और दूसरों का सम्मान करना होता है।

   संस्कार छोटे-छोटे कामों से सीखे जाते हैं। सोसाइटी में रहने वाले अमीर लोगों के घर चौका बर्तन साफ करने वाली ग़रीब महिला के छोटे से बच्चे की जान केवल इस कारण बच गई थी कि वह बच्चा सोसाइटी में आने जाने वालों को हाथ जोड़कर नमस्कार करता था। जबकि सोसाइटी में रहने वाले पढ़े लिखे लोगों के बच्चे अपने घमंड में किसी का सम्मान नहीं करते थे। उसके एक अच्छे संस्कार से उसकी जान बच गई। दूसरों की भावना का आदर करना: यह नियम बच्चों पर भी लागू होता है।

   समाज में अच्छे सम्बन्धों का होना आवश्यक होता है। यह तभी संभव है जब हम दूसरों की भावनाओं का सम्मान करें। बच्चे जब अपने दोस्तों या अन्य

लोगों की भावना को चोट पहुँचाते हैं या उनके साथ रुखा व्यवहार करते हैं तो लोग ऐसे बच्चों का बहिष्कार ही करते हैं। उनसे कोई सम्बन्ध नहीं रखना चाहते। दोस्तों के बहिष्कार के कारण बच्चों के मन में खिचाव पैदा होता है और उनके मन मस्तिष्क पर बुरा प्रभाव पड़ता है। जो बच्चे दूसरों की भावना का मान करते हैं उनके सम्बन्ध अच्छे बने रहते हैं और वे प्रसन्न तथा स्वस्थ रहते हैं।

3. **लोकप्रियता** : जो बच्चे अपनी कक्षा या स्कूल के साथियों के साथ दया का भाव रखते हैं, सहानुभूति रखते हैं, उनका आभार प्रकट करते हैं वे बच्चे सबके चहेते बन जाते हैं। दूसरों का समान करने से बच्चों की दोस्ती घनिष्ठ हो जाती है। अच्छे संस्कार बच्चों को लोकप्रिय बना देते हैं और सब लोग उनको सम्मान और प्यार से मिलते हैं। पीठ पीछे भी लोग उनकी प्रशंसा करते हैं।

4. **अलग पहचान** : जो बच्चे संस्कारी होते हैं उनकी एक अलग पहचान बन जाती है। किसी प्रतियोगिता में भाग लेना हो, किसी स्कूल फंक्शन का हिस्सा बनना हो, किसी समाजिक समारोह का आयोजन करना हो सभी जगह शिक्षक, स्कूल प्रबन्धन, समाज के लोग संस्कारी बच्चों को दूसरे बच्चों की तुलना में अधिक अवसर प्रदान करते हैं। अलग पहचान बनाने से बच्चों में आत्म-विश्वास बढ़ता है।

5. **सपोर्टमैंनशिप** : सहयोग की भावना: खेलना तो हर बच्चे का पहला शौक होता है परन्तु देखा गया है कि अधिकांश बच्चे केवल जीत की भावना से ही खेल खेलते हैं चाहे उन्हें जीतने के लिए बेईमानी ही क्यों न करनी पड़े। खेल के नियम तोड़कर खेल जीतना कोई जीत नहीं होती। अभिभावकों को चाहिए कि बच्चों को नियम अनुसार खेलने की प्रेरणा दें। जीत मिलने से ख़ुशी तो सबको होती है लेकिन बेईमानी करके या नियम तोड़कर जीतने वाले बच्चों को मन से ख़ुशी प्राप्त नहीं होती। खेल को अगर खेल की भावना से खेला जाए तो अपार प्रसन्नता प्राप्त होती है जिसमें जीत या हार का कोई स्थान नहीं होता। बच्चों को समझाएं कि वे जीतें या हारें परन्तु बेईमानी कहीं न करें। हार जाने पर उनका उत्साह बढ़ाएं और हो सके तो जाने माने खिलाड़ियों का उधारण प्रस्तुत करके उन्हें समझाएं कि खेल में हारने वाले को अधिक अभ्यास करने की आवश्यकता होती है और जो बच्चा अभ्यास करता रहता है अंत में जीत उसी की होती है।

6. **अभिभावक खुद उधारण प्रस्तुत करें** : अधिकांश बच्चे वही करते हैं जो अपने माँ-बाप को करते हुए देखते हैं। चाहे स्कूल हो, घर हो, पार्टी हो, कोई फंक्शन हो हर स्थान पर बच्चे वैसा ही व्यवहार करते हैं जैसा वे अपने माँ-बाप को करता हुआ देखते हैं। अतः यह आवश्यक है कि हर स्थान पर माँ-बाप बच्चों के सामने सदैव अच्छा व्यवहार करें ताकि उनके बच्चे अच्छे संस्कार सीख सकें।

7. **महत्व :** अच्छे संस्कारों का सर्वत्र महत्व होता है। बाल्यकाल में जो संस्कार बच्चे को प्राप्त होते हैं जीवन पर्यंत वे संस्कार बच्चों के साथ रहते हैं। जहाँ अच्छे संस्कार बच्चों के लिए वरदान साबित हो सकते हैं वहीं बुरे संस्कारों से बच्चों का जीवन बर्बाद हो सकता है। यह अभिभावकों के उपर है कि वे अपने बच्चों का भविष्य कैसा बनाना चाहते हैं।

8. **संस्कारों का मूल मन्त्र :** अच्छे संस्कार कोई डिग्री लेने से प्राप्त नहीं होते। हर माँ-बाप चाहता है उसका बच्चा अधिक से अधिक बड़ी बड़ी डिगरियां ले। बच्चों को उच्च शिक्षा देना माँ-बाप का कर्तव्य है परन्तु उससे अधिक आवश्यक होता है बच्चों को नैतिक शिक्षा देना। नैतिक शिक्षा के लिए किसी स्कूल या विश्वविद्यालय की आवश्यकता नहीं होती। नैतिक शिक्षा का सबसे अच्छा विद्यालय तो घर पर ही होता है। अच्छे संस्कार बड़े कार्य करने से नहीं बल्कि छोटी छोटी आदतों से आते हैं :-

» **दयालु भाव :** दयालु व्यक्ति भगवान के समान होता है। जिस व्यक्ति के दिल में दूसरों के प्रति दया रहती है वह सर्वत्र सम्मान पाता है। बच्चों को दयालु बनना सिखाएँ।

» **विनम्रता :** विनम्र व्यक्ति सबके मन को भाता है। सबका चहेता होता है। विनम्रता से बात करना, दूसरों की वस्तुओं को बिना अनुमति नहीं छूना, प्लीस, सोरी, धन्यवाद शब्दों का प्रयोग करना ऐसी बहुत सी बातें हैं जो बच्चों को विनम्र बनाती हैं। विनम्रता दूसरों से काफी कुछ सीखने का अवसर प्रदान करती हैं। विनम्र व्यक्ति की सभी सहायता करते हैं। जो जितना अधिक विनम्र होगा वह उतना ही अधिक सीख पाएगा। सीखते सीखते जीवन में अपार सफलता प्राप्त करेगा। अतः बच्चों को विनम्र होने का संस्कार देना चाहिए।

» **ज़िम्मेदारी समझना :** जीवन में हर कार्य के लिए ज़िम्मेदारी की आवश्यकता होती है। जितना बड़ा काम उतनी बड़ी ज़िम्मेदारी। बचपन से बच्चों को छोटी छोटी ज़िम्मेदारी का काम सौंपने से बच्चे ज़िम्मेदारी निभाना सीख जाते हैं। बड़े होकर ज़िम्मेदारी निभाने का भाव उनकी सफलता की कुन्जी बन सकता है। आस पास सफाई रखना, गंद नहीं फैलाना, झूठ नहीं बोलना, बड़ों की आज्ञा का पालन करना, दूसरों का सम्मान करना, अपनी गलती मानना, अपनी हार स्वीकार करना, अपना काम मेहनत से करना, किसी अन्य को परेशान नहीं करना, दूसरों की निंदा नहीं करना बल्कि हो सके तो दूसरों की सहायता करना। इन छोटी छोटी बातों से बच्चों में ज़िम्मेदारी निभाने के संस्कार पैदा

होते हैं। परन्तु ये सब बातें कोई और नहीं केवल माँ-बाप ही सिखा सकते हैं वह भी तब जब माँ-बाप खुद इन बातों पर आचरण करते हों।

» **अनुशासन मानना** : अनुशासन की परिभाषाएं तो अनेकों अनेक हो सकती हैं परन्तु संक्षेप में कहें तो अपने आप को नियन्त्रण में रखना सबसे बड़ा अनुशासन होता है। अनुशासन जीवन का मूल मन्त्र है। अनुशासित व्यक्ति सदैव सफलता की ओर अग्रसित होता है और दूसरों की प्रशंसा भी प्राप्त करता है। परन्तु बच्चे हर अनुशासन को नहीं मानते। इसका मुख्य कारण है माँ-बाप का अनुशासनहीन होना। माना व्यक्ति हर समय अनुशासन के बंधनों में नहीं बंध सकता किन्तु अपने बच्चों के सामने तो अनुशासित व्यवहार कर सकता है। बच्चों के मन पर छोटी छोटी बातों का भी बहुत प्रभाव पड़ता है। अतः माँ-बाप की थोड़ी सी अनुशासनहीनता भी बच्चों के मन में घर कर सकती है।

हर माँ-बाप को अच्छे संस्कारों और अनुशासन का महत्व भली भांति समझ लेना होगा तभी वे अपने बच्चों को अच्छे संस्कार सीखने की आवश्यकता पर ध्यान दे पाएंगे। अच्छे संस्कारों की कमी और अनुशासनहीनता से बच्चों का भावी जीवन खराब हो सकता है। बल्कि उनमें निम्न अवगुण पैदा हो सकते हैं:

1. माँ-बाप की आज्ञा न मानना। अपनी ग़लत बात मनवाने की जिद्द करना।
2. बच्चे स्वार्थी बन सकते हैं, मन मर्ज़ी के मालिक बन सकते हैं, दूसरों को तंग कर सकते हैं।
3. पढ़ाई में कमज़ोर होने के साथ साथ नक़ल करना सीख सकते हैं।
4. बच्चों का व्यवहार नकारात्मक हो सकता है।
5. अपने कामों पर उनका नियन्त्रण नहीं होता।
6. वे सदैव अप्रसन्न व दुखी रह सकते हैं।
7. बच्चों में सामाजिक गुण नहीं पनप पाते।
8. अच्छे बच्चों से उनकी दोस्ती नहीं हो पाती।
9. दयालुता, सहानुभूति, धैर्य की कमी होती है।
10. आपराधिक गतिविधियाँ करने लगते हैं।

इसके विपरीत जिन बच्चों को माँ-बाप अच्छे संस्कार सिखाते हैं और अनुशासित रहना सिखाते हैं उन बच्चों में निम्न गुण हो सकते हैं:

1. अनुशासित बच्चों को नियन्त्र रखना आता है। उनमें अधिक आत्म-विश्वास होता है।
2. बच्चे स्कूल और घर में ज़िम्मेदारी को समझने लगते हैं।
3. अपनी ज़िम्मेदारी समझने से वे ग़लत काम नहीं करते।
4. उन्हें शिष्टाचार निभाना आता है और वे दूसरों की सहायता भी करते हैं।
5. उनकी सोच साकारात्मक होती है।
6. उनका ध्यान केन्द्रित रहता है जिससे ऐसे बच्चे पढ़ाई और अन्य कामों को अधिक निपुणता से करते हैं।
7. बच्चे साहसिक होते हैं, कठिन परिस्थितियों का डट के मुक़ाबला कर सकते हैं।
8. संस्कारिक और अनुशासित बच्चे दूसरों की अपेक्षा अधिक व्यवहार कुशल होते हैं।
9. बड़ों का सम्मान करना जानते हैं और आज्ञाकारी होते हैं।
10. उनमें विनम्रता का भाव होता है जिससे वे सबके चहेते बन जाते हैं।

याद रखें अच्छे संस्कारों से अच्छे संस्कार आकर्षित होते हैं और बुरे संस्कार बुरे संस्कारों को आकर्षित करते हैं। जिस प्रकार एक सड़ा हुआ फल सारे फलों को खराब कर देता है वैसे ही एक बुरा संस्कार सारे अच्छे संस्कारों को समाप्त कर देता है। पुरानी कहावत है एक गंदी मछली पूरे तालाब को गंदा कर देती है। संस्कार बदल सकते हैं परन्तु इन्सान नहीं बदलता। आप ने ऐसा कोई इन्सान किसी भी देश में नहीं देखा होगा जो प्रशंसा का भूखा न हो। प्रशंसा सबको चाहिए परन्तु प्रशन्सनीय संस्कार ग्रहण करने को तैयार बहुत कम इंसान होते हैं।

हमेशा याद रखें माँ-बाप ही बच्चों के प्रथम आदर्श होते हैं और सभी बच्चे अपने माँ-बाप की नक़ल करते हैं। यद्यपि माँ-बाप के लिए हर समय नियमों में बंधे रहना संभव नहीं हो पाता फिर भी यथासंभव बच्चों के सामने अच्छे आदर्शों का पालन करें। मुख्य रूप से निम्न बातों का ध्यान रखें:

» ईमानदारी
» कठिन परिश्रम
» सत्य और मीठा बोलना
» बच्चों के सामने आपस में न झगड़ना

- » दयालु बनना और दूसरों की सहायता करना
- » धैर्य रखना और दृढ़ता दिखाना
- » अनुशासन में रहना
- » स्वस्थ भोजन करना
- » फ़ास्ट फ़ूड से बचना

6

टेक्नोलॉजी का प्रभाव

If mobile gets spoiled blame the child,
If child gets spoiled blame the mobile.

आजकल बच्चों का लालन पालन ऐसे माहोल में हो रहा है जहाँ चारों ओर नई टेक्नोलॉजी और इंटरनेट का ही बोल बाला है। इसी दौड़ में बच्चे भी किसी से पीछे नहीं हैं। वे भी इंटरनेट, कंप्यूटर, स्मार्ट फोन, टेबलेट्स, ई-रीडर्स का दबा के प्रयोग कर रहे हैं। चारों तरफ किस्म किस्म के स्क्रीन लगे हुए हैं। दूर जाने की आवश्यकता नहीं हर घर में माँ-बाप खुद अपना अधिकांश समय इन्हीं उपकरणों के साथ बिताते हैं। आजकल आप जो देखना चाहते हैं देख सकते हैं, जब तक चाहें देख सकते हैं। बच्चे जब तक प्राइमरी स्कूल से मिडिल स्कूल में आते हैं वे नई टेक्नोलॉजी में पारंगत हो जाते हैं। इतने कुशल हो जाते हैं कि अपने माँ-बाप को भी टेक्नोलॉजी में पीछे छोड़ देते हैं। फलस्वरूप उसका ग़लत प्रयोग करने लगते हैं।

इसमें दो राय नहीं कि टेक्नोलॉजी ने जीवन को सुगम किया है। पढ़ाई के लिए बच्चे इंटरनेट पर उपलब्ध जानकारी से लाभ उठा सकते हैं, भिन्न भिन्न प्रकार के एप्स और टूल्स से शैक्षिक जानकारी प्राप्त कर सकते हैं। अपने दोस्तों तथा शिक्षकों से पढ़ाई

सम्बन्धी परामर्श कर सकते हैं। टेक्नोलॉजी से बच्चों को अन्य प्रकार की सुविधाएँ भी मिलती हैं। जैसे :–

टेक्नोलॉजी के लाभ

1. **व्यवस्थित अध्ययन** : टेक्नोलॉजी से अध्ययन का कार्य सुचारू ढंग से किया जा सकता है। टेक्नोलजी के माध्यम से बच्चे भिन्न प्रकार के शैक्षिक एप्स की सहायता से न केवल पढ़ाई के लिए प्रेरित होते हैं बल्कि पढ़ाई व्यवस्तित रूप से कर सकते हैं। इसमें उन्हें आनन्द भी आता है क्योंकि एप्स इस भांति तैयार किए जाते हैं जिससे बच्चों को कोई कठिनाई नहीं होती।

2. **घर बैठे सूचना उपलब्ध** : बच्चों को पढ़ाई सम्बन्धी सूचना एकत्र करने के लिए कहीं जाने की आवश्यकता नहीं होती। घर बैठे बड़े आराम से मन चाही सूचना प्राप्त कर सकते हैं।

3. **सम्वाद में सहायक** : टेक्नोलॉजी से बच्चों को सम्वाद करने की सुविधा होती है। जब चाहें जिससे चाहें बात कर सकते हैं। बच्चों और माँ-बाप में सम्पर्क रखने का भी यह उत्तम साधन है।

4. **24x7 सेवा** : दिन हो या रात, सुबह हो या शाम स्कूल के निर्धारित समय के विपरीत यह सुविधा चौबीस घन्टे उपलब्ध रहती है। किसी समय सारणी की आवश्यकता नहीं जहाँ चाहो वहीं कक्षा बना लो। निर्धारित समय न होने से एप्स का प्रयोग काफी सुविधाजनक होता है। ये एप्स बच्चों की आवश्यकता के अनुसार बनाए जाते हैं जिनके प्रयोग में कोई कठिनाई नहीं होती। छोटे से छोटा बच्चा भी इनका प्रयोग कर सकता है।

5. **गतिशीलता** : टेक्नोलॉजी के छोटे छोटे उपकरण जैसे स्मार्ट फोन गतिशीलता प्रदान करते हैं। शिक्षक और माँ-बाप के साथ साथ बच्चे भी इन्हें अपने साथ कहीं भी ले जा सकते हैं। बल्कि एक दूसरे के साथ निरंतर सम्पर्क में रह सकते हैं। पढ़ाई के लिए केवल क्लास रूम ज़रूरी नहीं रह गया। कहीं भी और कभी भी एप्स की सहायता से पढ़ाई की जा सकती है।

6. **वातावरण का संरक्षण** : पारम्परिक पढ़ाई के लिए आम तौर पर पेन्सिल, पेपर, पैन, कापी, किताब की आवश्यकता होती है वहीं एप्स पर आधारित पढ़ाई में इन सबकी आवश्यकता नहीं होती। डाउन लोड करने से ही सभी ज़रूरी नोट्स प्राप्त हो जाते हैं। कापी, किताब, कागज़ बनाने के लिए हजारों

पेड़ों को काटना पड़ता है। एप्स के प्रयोग से इन पेड़ों को बचाया जा सकता है जो वातावरण को सुरक्षित रखने में सहायता करते हैं। सबसे बड़ी बात एप्स की सहायता से बच्चे पढ़ाई अपने मन से करते हैं ज़ोर जबरदस्ती से नहीं।

7. **मनोरंजन** : बच्चों के लिए पढ़ाई एक उबाऊ काम है। पढ़ाई करना अधिकांश बच्चों को अच्छा नहीं लगता। लेकिन टेक्नोलॉजी में जो शिक्षा सम्बन्धी एप्स होते हैं बच्चे उनका प्रयोग बड़े शौक से करते हैं। अपनी किताब के पाठ के मनोरंजक गेम्स बनाने में उन्हें बहुत आनन्द आता है। जिससे बच्चे ख़ुशी ख़ुशी अपनी पढ़ाई पूरी कर लेते हैं। होम वर्क करने में भी वो आना कानी नहीं करते।

8. **माँ-बाप की सहायता** : शिक्षा से सम्बन्धित एप्स न केवल बच्चों के सहायक होते हैं बल्कि ये एप्स माँ-बाप और शिक्षकों के लिए भी बहुत लाभकारी हैं। शिक्षक इनका प्रयोग कक्षा में कर सकते हैं और माँ-बाप घर पर। इससे माँ-बाप को ज्ञात हो जाएगा कि उनके बच्चों के लिए कौन सा ऐप्प ठीक है। एप्स की सहायता से माँ-बाप बच्चों की गतिविधियों पर निगरानी भी रख सकते हैं। और यह ज़रूरी भी है।

9. **सम्पर्क सूत्र** : टेक्नोलॉजी और मीडिया बच्चों के लिए सम्पर्क सूत्र का कार्य करता है। बच्चों को अपने विचार व्यक्त करने का मौका मिलता है जिससे न केवल उनका मनोबल बढ़ता है बल्कि उनमें आत्म-विश्वास पैदा होता है। जब बच्चा अपने विचार व्यक्त करता है तो वह अपने मित्रो, अभिभावकों और अन्य लोगों के विचार भी समझने लगता है। ऐसा करते करते उसकी सोच व्यापक हो सकती है और वह दूसरों के अनुभवों का लाभ उठा सकता है।

10. आजकल स्कूलों में भी बच्चों को पढ़ने के लिए टेक्नोलॉजी का प्रयोग प्रारम्भ हो गया है। इसका एक लाभ यह है कि बच्चे छुटपन से ही टेक्नोलॉजी का प्रयोग करना सीख जाते हैं और पढ़ाई के लिए इसका अधिक से अधिक उपयोग कर सकते हैं।

टेक्नोलॉजी से हानियाँ

कहने को तो टेक्नोलॉजी की प्रशंसा गाथा में एक ग्रन्थ लिखा जा सकता है किन्तु कुछ विशेषज्ञों का मानना है कि बच्चों को टेक्नोलॉजी से इतना लाभ नहीं होता जितनी हानी होती है। इससे इंकार भी नहीं किया जा सकता कि भिन्न भिन्न प्रकार के उपकरणों

से बच्चों को सशक्त एप्स और शिक्षा सम्बन्धी टूल्स आसानी से उपलब्ध हो जाते हैं, दोस्तों से बात करने के लिए चैट एप्स भी मिल जाते हैं और वैब पर तो दुनिया भर की जानकारी उपलब्ध होती ही है। परन्तु बच्चे तो बच्चे ही हैं उन्हें टेक्नोलॉजी का उपयोग करने का सही और ठीक ढंग नहीं आता। पूरी जानकारी न होने के कारण टेक्नोलॉजी का बच्चों के विकास पर बुरा प्रभाव भी हो सकता है। कुछ शोधकर्ताओं के अनुसार बच्चों की मुख्य हानी उनके व्यक्तिव के विकास की होती है। इन शोधकर्ताओं के अनुसार निम्न प्रकार की हानियाँ हो सकती हैं :-

1. शारीरिक हानी

देखा गया है कि आजकल बच्चे अपना अधिक समय टेक्नोलॉजी के उपकरणों के साथ व्यतीत करते हैं। इस कारण उनकी शारीरिक गतिविधियाँ न के बराबर होती जा रही हैं। शरीर के उचित विकास के लिए कसरत और व्यायाम करना आवश्क होता है जो उन्हें खुले आकाश में खेल के मैदान में भाग दौड़ करने से संभव हो सकता है। खेलकूद और व्यायाम करने से शरीर में रक्त प्रवाह में गति आती है। मस्तिष्क की तंत्रिकाओं में रसायनिक वृद्धि होती है और बच्चों का दिमाग तीव्र गति से कार्य करता है। टेक्नोलॉजी ने शारीरिक गतिविधियों को पर्याप्त मात्र में कम कर दिया है। बच्चे टेक्नोलॉजी के उपकरणों के साथ समय व्यतीत करते रहते हैं और घर से बाहर जाकर न तो खेलते हैं और न ही व्यायाम करते हैं। इससे एक ओर तो मुटापा बढ़ सकता है और दूसरी ओर टेक्नोलॉजी के अधिक प्रयोग के कारण शारीरिक परिश्रम पूरी तरह से नहीं हो पाता। जब मानव शरीर परिश्रम नहीं करता तो उसके खाने की इच्छा में कमी हो जाती है। पौष्टिक भोजन के आभाव में अनेक प्रकार की शारीरिक व्याधियाँ घर कर जाती हैं। इस समस्या से बचने के लिए आवश्यक है कि टेक्नोलॉजी के प्रयोग के समय और शारीरिक परिश्रम के समय में सामजस्य स्थापित किया जाए। शारीरिक परिश्रम करने से शरीर का प्रत्येक अंग सक्रिय हो जाता है और यथा स्थति अपना कार्य करने लगता है जिससे मानव शरीर में अथाह ऊष्मा जागृत होती है। अंग प्रत्यंग अपना कार्य सुचारू रूप से करना आरम्भ कर देते हैं। मान लो एक बच्चा पेड़ पर चढ़ता है। उसका समस्त शरीर, मस्तिष्क व सभी सम्वेदनाएँ केन्द्रस्त होकर कार्य करने लगती हैं। शरीर के सभी अंग मिलकर बच्चे के एक एक पल के कार्य का निरिक्षण करते हैं, चेतन ही नहीं उसका अवचेतन मस्तिष्क भी जागृत हो जाता है। शरीर के सब अंग पैर, हाथ, उँगलियाँ, टाँगें, आँखें, बाज़ू, नाक और कान सब मिलकर कार्य करना आरम्भ कर देते हैं। और होता क्या है? बच्चा ख़तरनाक और नाज़ुक स्थिति में भी अपने शरीर का बैलंस बनाए रखता है।

क्या कोई भी टेक्नोलॉजीकल उपकरण शरीर की सभी सम्वेदनाओं को एक ही समय में जागृत कर सकता है?

2. मानसिक प्रभाव

कुछ विशेषज्ञ मानते हैं कि टेक्नोलॉजी से दिमाग तीव्र होता है। इसके विपरीत अनेक वैज्ञानिकों का कहना है कि टेक्नोलॉजी बच्चों की निजी क्षमता को कम करती है। आजकल के बच्चे अपने दिमाग का प्रयोग उस प्रकार नहीं कर पाते जिस प्रकार टेक्नोलॉजी के आने से पहले करते थे। टेक्नोलॉजी ने उनके दिमाग को सीमित कर दिया है और बच्चे कोई रचनात्मक सोच विकसित नहीं कर पाते। बल्कि टेक्नोलजी के कारण बच्चे न केवल स्कूल में बल्कि बाहर भी तनाव से घिरे रहते हैं। जीवन में टेक्नोलॉजी से उत्पन्न विभिन्ताओं के कारण वे एक के बाद दूसरे प्रकार के तनाव से ग्रस्त हो जाते हैं। टेक्नोलॉजी से विश्राम कम और तनाव अधिक पैदा होता है। समय बे समय मैसेज मिलते रहते हैं और बच्चे उनको पढ़ते रहते हैं। अधिकांश मेसेज तनाव पूर्ण होते हैं। बिना कारण बच्चों के दिमाग में तनाव पैदा होता रहता है।

3. व्यक्तित्व विकास

टेक्नोलॉजी के अविष्कारकों का मानना है कि स्कूल में टेक्नोलॉजी बच्चों की पढ़ाई में सहायक होती हैं। परन्तु विशेषज्ञों का मानना है कि टेक्नोलॉजी की सहायता से बच्चे शैक्षिक गेम तो खेल सकते हैं किन्तु वे इस बात से सहमत नहीं हैं कि ये गेम या एप्स वास्तव में बच्चों की पढाई में सहायक होते हैं। उनका मानना है कि ऐसे शैक्षिक गेम या एप्स तो मात्र एक दिखावा है। वास्तव में तो ऐसे उपकरण बच्चों के व्यक्तिव विकास में बाधक होते हैं। बच्चे इनसे प्रभावित होकर अपने स्वतन्त्र निर्णय नहीं ले पाते, न ही अपनी स्वन्तन्त्र सोच पैदा कर पाते हैं। सबसे अधिक हानी यह कि माँ-बाप भी यही सोचते हैं कि शैक्षिक उपकरणों से बच्चों के ज्ञान में वृद्धि होगी और बच्चे कुछ सीख पाएँगे। वास्तविकता तो यह है कि बच्चे उपकरणों से नहीं बल्कि वास्तविक अनुभव से ही कुछ सीख पाते हैं। बच्चे जो देखते हैं वही सीखते भी हैं। यदि माँ-बाप खुद कोई प्रयत्न नहीं करते और बच्चों को उपकरणों पर आश्रित रखते हैं तो बच्चे सीखेंगे कैसे? जो माँ-बाप करते हैं बच्चे भी वैसा ही करने लगते हैं। जब माँ-बाप को बच्चे लेटेस्ट उपकरण प्रयोग करते देखते हैं तो वो भी करने लगते हैं। इससे होता क्या है कि बच्चों का विकास बच्चों के रूप में न होकर वे बड़ों जैसा व्यवहार करने लगते हैं।

माँ-बाप बच्चों के आदर्श होते हैं और उन्हें आदर्श माँ-बाप की भांति ही व्यवहार भी करना चाहिए। आजकल हर बच्चे के हाथ में एक स्मार्टफोन है जिसपर उनका अधिकांश समय गुज़रता है। फलस्वरूप बच्चों में पढ़ने की क्षमता कम हो जाती है और वे फ़िज़ूल के कामों में अपना पढ़ाई का समय गवां देते हैं। ध्यान दें बच्चों को बच्चा ही रहने दें उन्हें बड़ों जैसा व्यवहार करना न सिखाएँ।

4. स्व-अध्ययन में कमी

बच्चे टेक्नोलॉजी का प्रयोग मनोरंजन के साथ साथ स्कूल के कार्यों के लिए भी करते हैं। बिना यू-टयूब की सहायता के बच्चे तो अपना होम वर्क भी नहीं कर पाते। कोई भी सूचना प्राप्त करनी हो अपने फोन पर क्लिक करने लगते हैं। प्राप्त सूचना को वहीं टाइप कर लेते हैं। हाथ से लिखने और किताब को हाथ में पकड़ कर पढ़ने का अभ्यास कम होता जा रहा है। गणित के उत्तर तो बच्चे कैलकुलेटर से या फिर टेक्नोलॉजी से ही कर लेते हैं जिसमें अपना दिमाग लगाने की उन्हें आवश्यकता ही नहीं पढ़ती। धीरे धीरे यह आदत बन जाती है और बच्चे छोटे छोटे हिसाब बिना टेक्नोलॉजी के नहीं कर पाते।

अधिकांश बच्चे अपने छोटे छोटे कामों के लिए इन्टरनेट पर निर्भर रहने लगे हैं। हालाँकि इससे बच्चों को सहायता तो मिलती है परन्तु यह आवश्यक नहीं की नेट से उन्हें सही सूचना प्राप्त हो जाए। नेट पर कोई भी कुछ भी पोस्ट कर सकता है और पोस्ट पर प्राप्त सूचना ग़लत भी हो सकती है। बच्चे यह नहीं जान पाते कौन सी सूचना सही है और कौन सी ग़लत है। ग़लत सूचना से उनकी पढ़ाई पर विपरीत प्रभाव हो सकता है।

5. धोखे का ख़तरा

सोशल मीडिया के लाभ तो अनेक हैं। बच्चे मन चाही सूचना प्राप्त कर सकते है। अपने शिक्षकों और मित्रों से बात कर सकते हैं उनसे परामर्श कर सकते हैं और अपनी समस्या का समाधान कर सकते हैं परन्तु सोशल मीडिया पर कुछ धोखेबाज़ लोग भी बच्चों को लुभाने में लगे रहते हैं। विकृत और भ्रष्ट प्रवृती के लोग भी सोशल मीडिया पर बहुतायत में एक्टिव रहते हैं उनसे बच्चों को ख़तरा हो सकता है। अपना फेक अकाउंट बना कर बच्चों से मेल मुलाकात बढ़ा कर उनसे ग़लत काम करवा सकते हैं।

6. अनुचित सामग्री

नेट पर उपलब्ध सूचना से जहाँ बच्चों को लाभ हो सकता है वहीं पर बच्चों को ऐसी सामग्री भी प्राप्त हो सकती है जो बच्चों के लिए उपयुक्त नहीं होती। पढ़ाई के लिए नेट का प्रयोग करते करते कई हानिकारक स्रोत्र भी उनके सामने आते रहते हैं। आप यह तो जानते ही होंगे की सोशल मीडिया पर कुछ भी प्रतिबन्धित या सेंसर नहीं होता। बच्चों का सामना हिंसक विडियोस, यौन क्रिया के विडियोस, नशे करने के तरीकों के विडियोस और अपराध सिखाने वाले विडियोस से भी हो सकता है। इनसे सम्बन्धित सूचना बच्चों पर बुरा प्रभाव डाल सकती है। इसके साथ साथ बच्चे अपने पसन्द के फ़िल्मी हीरो या जाने माने खिलाड़ियों को देखना भी पसन्द करते हैं। उनको देखकर बच्चे उनके पहनावे, रहन सहन के तरीकों को अपनाने का प्रयास भी कर सकते हैं। ऐसा करने से बच्चे वास्तविक जीवन से दूर एक काल्पनिक लोक में रहने लगते हैं और काल्पनिक आशाएं करने लगते हैं जो उनको अपराध की दुनिया में ले जा सकता है।

7. दिनचर्या में व्यवधान

चौबीस घन्टे टेक्नोलॉजी में व्यस्त रहने से बच्चों की दिनचर्या खराब हो जाती है। बच्चे रात रात भर जाग कर इसका उपयोग करते रहते हैं। इस कारण न तो उनकी नींद पूरी होती है बल्कि नींद लेने की आदत भी बिगड़ जाती है। यदि वे समय पर सोना भी चाहें तो उन्हें नींद नहीं आती, रात भर जागते रहने से न केवल उनके स्वास्थ पर बुरा प्रभाव पड़ता है उनकी याद्दाश्त भी कम होने लगती है। 12 वर्ष की आयु से कम बच्चों को अधिक टेक्नोलॉजी के प्रयोग से गंभीर समस्याएँ उत्पन्न हो सकती हैं। माँ-बाप को चाहिए कि छोटे बच्चों को कम से कम टेक्नोलॉजी का उपयोग करने दिया जाए। इस आयु में जरूरत से अधिक टेक्नोलॉजी का उपयोग न केवल बच्चों के विकास में बाधक होता है बल्कि उनको शारीरिक नुकसान भी करता है।

ख़तरनाक और गंभीर समस्याएं

अभी तक अभिभावक समझते थे कि बच्चों के लिए जो ख़तरनाक है उनमें लीड, क्लोरोफोर्म, पेट्रोल उत्पाद, कीट नाशक दवाएं शामिल हैं। बच्चों को हर संभव ख़तरे से बचाने का प्रयास किया जाता था। परन्तु आजकल तो अभिभावक ही बच्चों के हाथों में ख़तरनाक हथियार थमा रहे हैं जो उनके जीवन के लिए भयानक ख़तरा बन सकता है।

ये हथियार कुछ और नहीं बल्कि नए जमाने के नए-नए उपकरण हैं जिनसे बच्चो को कई प्रकार के ख़तरे हो सकते हैं जैसे:-

1. रेडीएशन

बच्चों के लिए सबसे ख़तरनाक होता हैं रेडीएशन का ख़तरा (Radiation emission)। पहले यह समझना होगा कि रेडीएशन होता क्या है। रेडीएशन एक उर्जा (एनर्जी) है जो वायु, आवाज, पानी, पदार्थ, कीट नाशक पदार्थों के माध्यम से तरंगों के अथवा अणुओं के रूप में वातावरण में फैलती है। रेडीएशन दो प्रकार से विकीर्ण होती है। पहले प्रकार के रेडीऐशन का रूप होता है शुद्ध जिसमें कोई भार या वजन नहीं होता केवल धडकन या कम्पन होती है और इसे इलेक्ट्रो मेग्नेटिक रेडीएशन कहते हैं। इसमें रेडीएशन इलेक्ट्रिकल या मेग्नेटिक उर्जा के रूप में प्रवाहित होती है जैसे रेडियो तरंगें (वेव्स), माइक्रो तरंगें, एक्सरे, कॉस्मिक रेज़ आदि। दूसरे प्रकार की रेडीऐशन को अणु रेडीऐशन कहते हैं इसमें भार भी होता है और आकर भी होता है। ये अति सूक्ष्म तीव्र गति से चलने वाले अणु होते हैं जिन्हें अल्फ़ा, बीटा और नयूटोर्ण के रूप में जाना जाता है। लोगों को इसकी जानकारी कम ही होती है। रेडीऐशिन की उक्त जानकारी सरल शब्दों में केवल रेडीएशन को समझाने के लिए दी गई है इसे विज्ञानिक अथवा प्राधिकृत न समझा जाए। इसका उद्देश्य केवल माँ-बाप को यह समझाना है कि रेडीऐशिन होता क्या है।

पहले प्रकार की रेडीऐशन, जो सेल फोन से होती है, के बारे में WHO ने पहले इसे बच्चों के लिए कैंसर की बीमारी का कारण बताते हुए 2B कैटेगरी का ख़तरा बताया था। इसके बाद किए गए शोधों के आधार पर इसे अधिक ख़तरनाक श्रेणी का ख़तरा बता कर इसकी श्रेणी 2B से बढ़ा कर 2A कर दिया गया जो अधिक कैंसरकारक होती है। आप को जानकर हैरानी होगी कि इस प्रकार की रेडियो फ्रीक्वेंसी/इलेक्ट्रो मेग्नेटिक फ्रीक्वेंसी की रेडीऐशन अधिकांशतय रेडियो, टेलीविसन, माइक्रोवेवओवन, सेल फोन, Wi-Fi से उत्पन्न होती है। आज के युग में बच्चों को इस प्रकार के उपकरणों से दूर रखना तो असंभव है परन्तु इनके प्रयोग को कम करने की कोशिश की जा सकती है।

यद्यपि कम्पनियाँ रेडीऐशन सम्बन्धित चेतावनी मैन्युअल में बताती है पर उन्हें पढ़ता कोई नहीं। यदि पढ़ते भी हैं तो उसका अनुसरण कोई नहीं करता। उधारण के लिए मैंने एक सैल फोन की चेतावनी पढ़ी थी जिसमें लिखा था, कृपया इस फोन को अपने शरीर से कम से कम 25mm की दूरी पर रखें। फोन का प्रयोग करने से पहले सेटिंग में जाइए और स्क्रोल करके नीचे जनरल और फिर लीगल पर जाकर ऐक्स्पोसर पर जाइये। वहाँ पर लिखा था, "To reduce exposure to RF energy, use hands-free option, such as the built-in speakerphone, the supplied headphones, or other similar accessories. Carry iPhone at least 10 mm away from your body to ensure exposure levels remain at or below the as-tested (exposure-limit) levels."

न तो बच्चे और ना ही माँ-बाप इन चेतावनियों पर कोई ध्यान देते हैं और हर समय अपने अपने स्मार्ट फोन को सीने से चिपका कर रखते हैं। कृपया विशेषज्ञों की नीचे लिखी राय को ध्यान पूर्वक पढ़ें और बच्चों को रेडीऐशन से बचाने के लिए उन्हें समझाने की कोशिश करें।

» बच्चे तो बच्चे हैं आजकल तो अभिभावक भी टेक्नोक्रैट बने घूमते रहते हैं। अपने नवीनतम उपकरण दिखाने का फैशन बन गया है। हर कोई नया से नया उपकरण खरीदने की होड़ में लगा है।

» सैलफोन और अन्य वायर लेस उपकरण शरीर के लिए हानिकारक होते हैं इनमें विघटनकारी रेडियो फ्रीक्वेंसी रेडीऐशन होता है।

» कुछ उपकरणों में इलेक्ट्रो मेग्नेटिक तरंगें होती हैं जो बच्चों के दिमाग पर बहुत बुरा प्रभाव करती है क्योंकि बच्चों का दिमाग बड़ों की अपेक्षा इन तरंगों को अधिक ग्रहण करता है। इन से बच्चों को ब्रेन ट्यूमर और कैंसर जैसी ख़तरनाक बीमारियाँ हो सकती हैं।

» इनसे बच्चों में मानसिक तनाव बढ़ता है।

» मानव शरीर में तंत्र व्यवस्था (Nervous System) स्वचालित होती है। बच्चों द्वारा आधुनिक उपकरणों के अधिक प्रयोग से उनकी स्वचालित तन्त्र व्यवस्था में व्यवधान उत्पन्न हो सकता है। आजकल बच्चों में यह रोग अधिक रूप से पाया जा रहा है। इसके लक्षणों में शामिल हैं सिरदर्द, चक्कर आना, मितली होना, दिमाग पर दबाव, बेहोशी, छाति में दबाव, चिढ़चिढ़ापन, कमज़ोरी और थकान होना। कभी कभी हृदयगति भी अनियमित हो जाती है।

» अत्याधिक और ज़रुरत से बहुत अधिक आधुनिक उपकरणों के प्रयोग से छोटे बच्चे पागलपन का शिकार भी हो सकते हैं, आरम्भिक अवस्था में बच्चे छोटी छोटी मूल बातें भूलने लगते हैं और धीरे धीरे यह बीमारी गंभीर रूप धारण करने लगती है। विशेषज्ञ इस अवस्था को Digital Ementia के नाम से पुकारते हैं।

2. डिजिटल ईमेन्शिया

यह एक टर्म है जिसको सबसे पहले जर्मन न्यूरो साईंटिस्ट मन्फ्रेड स्पिट्ज़र ने इसी नाम की अपनी पुस्तक में प्रयोग किया था। इसका प्रयोग उन लोगों के लिए किया गया है जो डिजिटल टेक्नोलॉजी का बहुतायत में प्रयोग करते है जिसके कारण उनकी याद्दाश्त कमज़ोर होने लगती है ठीक उसी प्रकार जिस प्रकार लोगों को सिर पर चोट लगने या मानसिक रोग से पीड़ित लोगों की याद्दाश्त कम हो जाती है। डिजिटल टेक्नोलॉजी का बहुतायत से प्रयोग करने वाले बच्चों की यादाश्त भी धीरे धीरे कम होने लगती है और उन्हें भूलने की बीमारी घेर लेती है। व्यस्क लोगों को तो दूसरों के नाम व नम्बर आदि ज़बानी याद होते हैं परन्तु आजकल के बच्चे इस माहोल में पल रहे हैं जिसमें उन्हें नाम या नम्बर आदि याद रखने की ज़रुरत ही नहीं पड़ती क्योंकि वे इसके लिए अपने उपकरणों पर आश्रित होते हैं। स्मार्ट फोन या विडियो गेम के बहुत अधिक प्रयोग से बच्चों के दिमाग के विकास पर बुरा प्रभाव पड़ता है।

» इतना ही नहीं बड़े होने पर भी बच्चों पर इसका बुरा प्रभाव बना रहता है। रेडियो फ्रीक्वेंसी के प्रभाव से प्रजनन की क्षमता कम हो जाती है। DNA को नुकसान पहुँचता है जो न केवल बच्चों के स्वाथ्य पर बुरा प्रभाव डालता है बल्कि इसका प्रभाव आने वाली पीढ़ियों पर भी पड़ सकता है।

» हमारे शरीर की उन नसों पर इसका बुरा प्रभाव पड़ता है जो हमारे हृदय को नियन्त्रित करती हैं और हमारे शरीर का संतुलन बनाए रखती हैं।

» बच्चों को तो ज्ञान नहीं होता उन्हें रेडियो फ्रीक्वेंसी के प्रभाव से बचाने के लिए माता पिता को ही सतर्क होना होगा और बच्चों को ऐसे उपकरणों से दूर रखना होगा जिनमें रेडियो फ्रीक्वेंसी की मात्रा अधिक होती है।

» आजकल कुछ स्कूलों में भी उद्योगिक स्तर के WiFi का प्रयोग होने लगा है जो घरेलू WiFi की तुलना में अधिक शक्तिशाली होता है। इसका प्रभाव केवल क्लास रूम तक सीमित नहीं होता बल्कि यह सीमेंट की दीवारों, इंटों को पार करता हुआ पूरे स्कूल में, यहाँ तक कि खुले मैदान में भी इसका प्रभाव होता है।

» ध्यान रहे यदि बच्चे धातु से बनी वस्तुओं का प्रयोग करते हैं जैसे कड़े, बिल्ले, नेम प्लेट या कोई अन्य वस्तु तो उन्हें रेडियो फ्रीक्वेंसी अधिक प्रभावित करती है।

जितनी तेज़ी से टेक्नोलॉजी का विकास हो रहा है और जिस प्रकार बाज़ार में नए-नए उपकरण आ रहे हैं यह गिनती करना असंभव है किस उपकरण से बच्चों को कितनी हानी होती है। संक्षेप में कहें तो मुख्य रुप से बच्चों पर निम्नलिखित दुष्प्रभाव हो सकते हैं :-

1. मन लुभावने कार्यक्रम : आधुनिक टेक्नोलॉजी में अनेकों प्रकार के ऐसे कार्यक्रम होते हैं जो बच्चों को बहुत अच्छे लगते हैं। उनको बार बार देखने से बच्चों को उन्हें देखने की आदत पड़ जाती है। यह मानव का सहज स्वभाव है जो वस्तु अच्छी लगे उसे बार बार उपयोग करने का मन करता है। निसन्देह बहुत से कार्यक्रम अच्छे होते हैं जिनसे बच्चों को लाभ भी होता है लेकिन इससे भी इंकार नहीं किया जा सकता कि कुछ कार्यक्रम बच्चों के लिए अधिक हानिकारक भी हो सकते हैं। शोधकर्ताओं ने इसे Reward Pathway का नाम दिया है। इसके अनुसार सबसे लुभावना होता है नशे का प्रयोग। अच्छे कार्यक्रमों को देखते देखते बच्चे नशे के कार्यक्रम में भी सम्लित हो सकते हैं। माँ-बाप को पूरी सतर्कता के साथ इस बात का ध्यान रखना होगा।

2. ग्रहण शक्ति पर प्रतिकूल प्रभाव : प्रत्येक व्यक्ति के जीवन में भिन्न भिन्न प्रकार के कार्यलाप होते रहते हैं। उसका मस्तिष्क इन कार्यकलापों से सम्वेदनाएँ एकत्र करता रहता है। इन सम्वेदनाओं को मानव मस्तिष्क अपनी इन्द्रियों, नाक, आँख, कान, मूहँ का स्वाद, स्पर्श आदि, के माध्यम से ग्रहण करता है। यह एक प्राकृतिक व्यवस्था है। बड़े लोगों को इस व्यवस्था से अधिक परेशानी नहीं होती लेकिन जब बच्चे टेक्नोलॉजी के उपकरणों का अधिक प्रयोग करते हैं तो उनके मस्तिष्क में एक ही समय में अनेकों सूचनाएँ आने लगती हैं। बहुत सारी सूचनाओं को व्यवस्थित करने में बच्चों के दिमाग पर ज़रुरत से ज़्यादा बोझ पड़ने लगता है। फलस्वरूप बच्चों की ग्रहण शक्ति पर इसका प्रतिकूल प्रभाव पड़ सकता है। धीरे धीरे बच्चे अपने दैनिक कार्यों को याद रखने या उन्हें कर पाने में असमर्थ होने लगते हैं। बच्चे अच्छे और बुरे में भेद करना भूल सकते हैं। उन्हें हर पग पर दूसरों की सहायता की आवश्यकता पड़ सकती है। वे इतने सम्वेदनहीन हो सकते हैं कि अपने असीम दर्द का भी उन्हें आभास नहीं हो पाता।

3. अनेक कार्य एक साथ करना (Multitasking) : बच्चे बहुत कुछ करना चाहते हैं और वह भी एक ही समय में। टेक्नोलॉजी ने बच्चों के हाथों में Multitasking नामक नया अस्त्र पकड़ा दिया है। बच्चे सोचते हैं कि वे अपने स्मार्टफोन या लैपटॉप की सहयता से कई कार्य एक साथ एक ही समय में कर सकते हैं। देखने और सुनने में यह बहुत

अच्छा लगता है। लेकिन क्या वास्तव में इसका बच्चों को कुछ लाभ होता है? विशेषज्ञों का मानना है कि इससे बच्चों को लाभ के स्थान पर हानि अधिक होती है।

एक बच्चा घर बैठ कर गणित के कुछ प्रश्न हल करने का प्रयास कर रहा है साथ साथ वह अपने स्मार्टफोन पर एक सीरियल भी देख रहा है। दो घंटे के पश्चात् उसे ज्ञात होता है कि गणित के आधे प्रश्न तो उसने ग़लत किए हैं और सीरियल के उस भाग को तो वह देख ही नहीं पाया जो उसे बहुत अच्छा लगता है। अब क्या होगा उसे वह सारे प्रश्न दुबारा करने पड़ेंगे जो उसने ग़लत किए हैं और वह सीरियल भी दुबारा देखना पड़ेगा जो उसे बहुत अच्छा लगता है। इस उधारण से स्पष्ट हो जाता है कि Multitasking से बच्चों को ध्यान केन्द्रित करने में कठिनाई होती है। ध्यान केन्द्रित न होने के कारण और भी कई समस्याएँ उत्पन्न हो सकती हैं। बहुत कुछ थोड़े समय में करने से बच्चा हर समय टेक्नोलजी के उपकरणों के साथ ही समय व्यतीत करना पसन्द करता है। उसका वास्तविक सम्पर्क न माँ-बाप से हो पाता है न ही अपने दोस्तों से। उसमें एकाकीपन पैदा होने लगता है जिससे भविष्य में कठिन परिस्थितियाँ पैदा होने का ख़तरा बना रहता है।

इस बात से कोई इनकार नहीं कर सकता कि एक समय में एक कार्य करने से न केवल वह कार्य उत्तम कोटि का होता है बल्कि उससे बच्चे की कार्य क्षमता भी बढ़ती है। कई कार्य एक साथ करने से या तो कार्य अधूरे रह जाएँगे या कोई भी कार्य संतोषजनक नहीं होगा। उसमें कोई न कोई कमी रह ही जाएगी। इससे बच्चों की कार्य क्षमता बढ़ती है या नहीं इसका तो ज्ञान नहीं परन्तु बाल विशेषज्ञों का कहना है कि बच्चों के दिमाग पर इसका बुरा असर पड़ता है। बच्चे अपने विचारों या अपनी सोच को अपने कार्यों से नहीं जोड़ पाते। बाल विशेषज्ञों के अनुसार जब बच्चे multitasking करते हैं तो इस प्रक्रिया में उन्हें कई निर्णय तुरन्त करने होते हैं, उन्हें समझना होता है और तदनुसार कार्य करना होता है। इससे उनके अपरिपक्व दिमाग पर अनजाने में ही बहुत ज़ोर पड़ता है। यह बच्चों की प्रगति में बाधक बनता है। विशेषज्ञों के अनुसार इससे बच्चों को निम्न हानियाँ हो सकती हैं:

1. बच्चे अधिक गलतियाँ करने लगते हैं।
2. उनके दिमाग में अनावश्यक तनाव पैदा होता है।
3. उनकी याद्दाश्त कम होने लगती है।
4. बच्चे व्यवहारिक कार्य नहीं कर पाते।
5. परिवार और मित्रों से उनका सम्पर्क कम हो जाता है।
6. बच्चे कोई रचनात्मक कार्य नहीं करते।

7. दूसरों से प्रभावी ढंग से वार्तालाप नहीं कर पाते।

यदि बच्चों को इन बुराइयों से बचाना है तो यह ध्यान रखना होगा कि बच्चे इसका कम से कम उपयोग करें। यहाँ दायित्व भी माँ-बाप पर ही आता है।

4. बच्चों के स्वास्थ को ख़तरा : आजकल अधिक से अधिक स्कूलों में सूचना और संचार (Information and communication technology) का प्रचलन बढ़ रहा है जहाँ बच्चों का हर समय किसी न किसी इलेक्ट्रोनिक उपकरण से सम्पर्क रहता है। इस सम्पर्क को और सुविधाजनक बनाने के लिए बच्चों को WiFi का प्रयोग करने के लिए भी उत्साहित किया जाता और बच्चे कर भी रहे हैं। इनका प्रयोग तभी तक उचित है जब तक इनके रेडीऐशन का प्रभाव सीमित मात्र में हो अन्यथा बच्चों के स्वास्थ्य पर इनका बुरा असर हो सकता है। इस सम्बन्ध में चर्चा तो बहुत होती है परन्तु इसका निवारण नहीं सुझाया जाता।

बच्चों का दिमाग पूरी तरह विकसित नहीं होता और विकासशील दशा में मस्तिष्क के स्नायु कमज़ोर होते हैं। बच्चों के मस्तिष्क बड़ों की अपेक्षा छोटे और अपरिवक्व होते हैं फलस्वरूप बड़ों की अपेक्षा बच्चों के स्नायु जल्दी प्रभावित हो जाते हैं। रेडीऐशन का प्रभाव बच्चों पर अधिक होता है। बाहरी इलेक्ट्रो मेग्नेटिक फील्ड से बच्चे अपने शरीर के प्रति 5 किलो ग्राम के हिसाब से बड़ों की अपेक्षा अधिक प्रभावित होते हैं। एक 6 वर्ष का बच्चा बड़ों की तुलना में 60% अधिक एनर्जी ग्रहण करता है। बोन मेरो में इसका प्रभाव बड़ों की तुलना में बच्चों में नौ गुना हो सकता है। बच्चों के मस्तिष्क की झिल्ली पतली होती है और रेडीऐशन का प्रभाव उन्हें जीवन पर्यन्त कष्ट दे सकता है।

होता क्या है कि मोबाइल फोन या अन्य माइक्रो वेव पैदा करने वाले उपकरण बच्चों के मस्तिष्क की उर्जा प्रसारित (Electrical activites of brain) करने वाली तंत्रिकाओं को प्रभावित कर देती हैं। यही तंत्रिकाएँ मस्तिष्क से प्राप्त सूचना को शरीर के भिन्न भिन्न अंगों को नर्व सेल के माध्यम से भेजती हैं। सूचना प्राप्त करने और भेजने का कार्य मस्तिष्क में केन्द्रित होता है। कोर्डलेस उपकरणों का प्रयोग करते समय इनसे उठने वाली विद्युतीय तरंगे बच्चों के मस्तिष्क से प्रवाहित तरंगों को प्रभावित करती हैं। अतः बच्चों की सोच और उनके कार्यों के बीच का सम्पर्क कम हो जाता या फिर गड़बड़ा जाता है। इसका तुरन्त कोई विपरीत प्रभाव हो या न हो परन्तु दीर्घ कालीन प्रभाव बहुत हो सकते हैं। विज्ञानिक शोधों में अभी तक यह पाया गया है कि लम्बे समय तक इन उपकरणों के प्रयोग से मस्तिष्क के सेल समाप्त हो सकते हैं और परिणाम स्वरूप बच्चों की याद्दाश्त में कमी आ सकती है, कुछ नया सीखने में कठिनाई हो सकती है यहाँ तक

कि जीवन के दैनिक कार्य करने व तत्सम्बन्धी निर्णय लेने में भी परेशानी हो सकती है। बच्चों में बीमारी से लड़ने की क्षमता समाप्त हो सकती है, मस्तिष्क के स्वभाविक विकास में बाधा हो सकती है और उनके व्यवहार और हारमोन भी प्रभावित हो सकते हैं। इतना ही नहीं बच्चों के लिए ऑनलाइन ख़तरे और भी होते हैं।

7

बच्चों के लिए ऑनलाइन ख़तरे

इसमें दो राय नहीं हैं कि डिजिटल टेक्नोलॉजी बच्चों के विकास और उनकी शिक्षा में बहुत सहायक हो रही है। आज हर बच्चे के हाथ में एक स्मार्टफोन होता है और बच्चा इसका भरपूर उपयोग भी करता है। लेकिन सूचना और संचार तकनीक (Information and Communication Technology) का बच्चे जितना अधिक प्रयोग करते हैं उतना अधिक वे अपने आप को कई ऑनलाइन ख़तरों में डालते हैं। समाचारपत्र ऐसे समाचारों से भरे रहते हैं जिनमें बच्चे साईबर अपराध के शिकार बनते हैं। और ये अपराध दिन रात बढ़ते ही जाते हैं। कभी न कभी हर बच्चा इनकी चपेट में आ सकता है। अपराधी तो बच्चों को परेशान करते ही हैं उनको देख कर बहुत से बच्चे भी अपराध करने लगते हैं। डिजिटल टेक्नोलॉजी अपराधियों को अपराध करने के नए-नए तरीके सिखा देती है। जो अपराध पहले होते थे अब वही बल्कि उनसे अधिक गंभीर अपराध ऑनलाइन होने लगे हैं। अपराधी पहले तो बच्चों को ऑनलाइन आकर्षित करते हैं और उन्हें बहला फुसला कर उनसे वास्तविक सम्पर्क बनाकर मनचाहा अपराध करवाने लगते हैं। नीचे यह बताया जा रहा है कि बच्चों के साथ कैसे कैसे ऑनलाइन अपराध हो रहे हैं :–

1. धमकी देना (Cyberbullying)

बच्चों को यह धमकी डिजिटल उपकरणों जैसे सेलफोन, कंप्यूटर और टेबलेट आदि के माध्यम से दी जाती है। धमकी देने का तरीका कुछ भी हो सकता है SMS, लिखित (TEXT) या भिन्न प्रकार के ऐपस (Apps)। यह धमकी ऐसे माध्यम से दी जाती है जहाँ बच्चे इसे आसानी से देख और पढ़ सकते हों। इस धमकी में हानिकारक बातें, बदनाम करने वाली बातें, झूठी सूचना, गंदे उल्लेख, कोई प्राइवेट और गुप्त सूचना या ऐसी सूचना सम्मिलित होती है जिससे बच्चे डर जाते हैं। धमकी यह दी जाती है कि या तो हमारी बात मानों नहीं तो यह सूचना सर्वविदित कर दी जाएगी। अधिकतर अपराधिक प्रवृती के लोग ही ऐसा कार्य करते हैं। वे हर संभव कोशिश करके बच्चों को अपने चंगुल में फसा ही लेते हैं। ऐसी धमकियाँ द्वारा अपराधी बच्चों की भावनाओं का लाभ उठाते हैं। उन्हें बदनाम करने, उनका सामाजिक बहिष्कार करने उनके माँ-बाप का अपमान करने की धमकी देते हैं। वे बच्चे को इस हद तक परेशान करते हैं कि बच्चा मजबूर होकर उनका कहना मानने लगता है और अपराधियों का शिकार बन जाता है।

ऑनलाइन धमकियों की सूचना बच्चे डर के मारे न तो अपने माँ-बाप को बताते हैं और न ही अपने शिक्षक को। बच्चों के साथ ऑनलाइन धमकी की घटना कहीं भी हो सकती है सोशल नेटवर्क, विडियो गेम्स या फिर मोबाइल फोन। हर समय और हर जगह यह बच्चों को परेशान कर सकती है और बच्चे इससे पीछा नहीं छुड़ा पाते। शायद इसी कारण वे इसकी सूचना किसी को नहीं देना चाहते।

यदि माँ-बाप सतर्क हैं तो ऑनलाइन धमकी को पहचानने में देर नहीं लगती। यदि बच्चे के फोन पर कोई संदेश, टवीट या फेसबुक पर कोई पोस्ट ऐसी हो जिसमें बच्चे को धमकी दी गई हो, अश्लील बात हो, व्यग्तिगत गुप्त सूचना हो, गंदी और अश्लील फोटो/विडियो हो, या ऐसे विडियो तैयार किए गए हों जिससे बच्चों को हानि होती हो तो समझ लेना चाहिए की कोई अपराधी बच्चों को ब्लैकमेल कर रहा है। इस प्रकार की धमकी के निन्मलिखित उधारण हो सकते हैं :-

» गंदी बातें और गंदी गालियाँ।

» गंदे लिखित संदेश या फिर गंदे इशारे।

» डराने, धमकाने या अपमानित करने के संदेश।

» आलोचना करने, बार बार करने, या अफवाहें फ़ैलाने।

» नियन्त्रण कायम करने या अपने इशारों पर चलाने का प्रयास।

» यौन शोषण या समलैंगिगता के संदेश।

» झूठी या अपमानजनक काल करना।

यदि ऐसा कुछ बच्चों के साथ हो रहा है तो इससे बच्चों को कई प्रकार की हानियाँ हो सकती हैं। उनमें आत्मविश्वास व आत्मसम्मान की कमी आ सकती है। उनकी भावनाओं को चोट पहुँच सकती है। कहना नहीं होगा कि बच्चों की सुरक्षा को गंभीर ख़तरा भी हो सकता है। हो सकता है बच्चे माँ-बाप से कुछ छुपा कर ऐसी साइट्स देखते हों जो उन्हें नहीं देखनी चाहिए। हो सकता है बच्चे सब कुछ गुप-चुप कर रहे हों। हमारा कर्तव्य है कि हम समय समय पर बच्चों के साथ बैठ कर उनसे बातें करके उनके मन की बात को जानने की कोशिश करें ताकि समय रहते हम उन्हें साइबर ख़तरों से बचा सकें।

2. ऑनलाइन यौन शोषण (Sexual Abuse of Children)

टेक्नोलॉजी ने अपराधियों को गुमनाम रहते हुए सम्पर्क बनाने के सुगम साधन उपलब्ध करा दिए हैं। ये अपराधी अज्ञात रहते हुए इन साधनों का सरलता और सुगमता से जब मन चाहे उपयोग कर सकते हैं। इसलिए उनके मन में पहचाने जाने या पकड़े जाने का भय नहीं होता। यह सुविधा उन्हें इन्टरनेट से प्राप्त होती है जिसमें वह ख़तरा नहीं होता जो वास्तविक और प्रत्यक्ष रूप से अपराध करने में हो सकता है।

आजकल बच्चे टेक्नोलॉजी का खुलकर उपयोग करते हैं। उन्हें ऐसे अनजान लोगों से बात करने की सुविधा प्राप्त है जिनके साथ वो सबके सामने बात नहीं करना चाहते। ऐसा वार्तालाप बच्चे बड़ों से छुपकर करते हैं। यदि ऐसे लोग अपराधी हों तो वे अपनी मनमोहक बातों से बच्चों को तरह तरह के लोभ देकर उन्हें फुसलाने का प्रयास करते हैं और अधिकतर वे सफल भी हो जाते हैं। जहाँ तक यौन शोषण का प्रश्न है अपराधी बच्चों को धीरे धीरे फुसलाते हैं। वे पहले बच्चों के साथ सम्पर्क नहीं बनाते बल्कि उन्हें यौन सम्बन्धी चित्र दिखाते हैं और दिखाते हैं कि ऐसे चित्र बनते कैसे हैं। चित्र बनाने की प्रक्रिया में वे बच्चों को यौन सम्बन्ध बनाने का ज्ञान भी देते हैं। उन्हें बार बार यौन क्रिया के नग्न चित्र दिखाकर इतना सम्मोहित कर लेते हैं कि बच्चे उनके जाल में फस जाते हैं। बच्चों में इतनी उतेजना पैदा कर देते हैं कि बच्चे भले बुरे का भेद भूलकर वह सब करने लगते हैं जो अपराधी उनसे करवाना चाहते हैं। वे सिर्फ लड़कियों को ही नहीं लड़कों को भी फुसला लेते हैं।

वास्तविक शोषण

जब बच्चे अपराधियों के जाल में फस जाते हैं तो मजबूर होकर उनका हर कहना मानने लगते हैं और अपराधी उनका शोषण करना आरम्भ कर देते हैं। फिर वे बच्चों पर दबाव डाल कर या लालच दे कर यौन क्रिया करने पर मजबूर करने लगते हैं। बदले में उन्हें धन या मन चाहा उपहार देने का लालच भी देते हैं। इनमे कुछ वस्तु भी हो सकती जैसे धन, वस्त्र, खाना, रहने की सुविधा, ड्रग्स, शराब, सिगरेट और सबसे महत्वपूर्ण प्यार और मोहब्बत। बच्चे प्यार और मोहब्बत को अधिक पसन्द करते हैं परन्तु अपराधियों के प्यार में छिपा होता है यौन सम्बन्ध बनाना। यदि किसी कारण से बच्चा उनकी बात नहीं मानता तो अपराधियों का सशक्त हथियार होता है डर पैदा करना। वह बच्चों के मन में इतना डर पैदा कर देते हैं बच्चे मजबूर होकर उनकी हर बात मानने लगते हैं। लालच देकर या धमका कर जब बच्चे सहमत हो जाते हैं तो अपराधी पहले उनसे स्वयं यौन सम्बन्ध बनाते हैं और फिर और लोगों को भी इसमें शामिल कर लेते हैं। बच्चों के यौन सम्बन्धों की फिल्म, विडियो या एम-एम-एस बनाकर बच्चों को अपने इशारों पर नचाने लगते हैं इसके लिए चाहे उन्हें बच्चों का बलात्कार करना पड़े, उन्हें धमकाना पड़े, डराना पड़े, मार पीट करनी पड़े या फिर लालच देना पड़े।

बाल शोषण से अपराधियों का उद्देश्य होता है धन कमाना। आजकल तो मोबाइल में भी ऐसी सुविधाएँ (Apps) हैं जिनके माध्यम से अपराधी बच्चों को यौन क्रिया के लिए तैयार करते हैं, उनकी भर्ती करते हैं, उनका बलात्कार करते हैं और फिर उन्हें यौन सम्बन्ध बनाने के लिए मजबूर कर देते हैं। विशेषज्ञों का मानना है कि विश्व भर में बच्चों को यौन शोषण का शिकार हजारों की संख्या में बनाया जा रहा है। यह संख्या दिन प्रतिदिन बढ़ती ही जा रही है। इसमें समाज के हर वर्ग के बच्चे शामिल हैं चाहे वो लड़के हों या लड़कियाँ हों।

इन्टरनेट पर विभिन्न साइटों पर प्रायः आकर्षक और लुभावने विज्ञापन देखकर बच्चे भटक जाते हैं। वास्तव में ऐसे चटकदार विज्ञापन बच्चों को भटकाने के लिए ही दिए जाते हैं। खासतौर पर ऐसे विज्ञापन जो दोस्ती का झांसा देकर बच्चों को भटकाव के रास्ते पर ले जाते हैं। इन विज्ञापनों में एक लुभावना आकर्षण होता है। इसी आकर्षण के कारण बच्चे अनजान लोगों के चंगुल में फस जाते हैं। एक मेधावी छात्र जो न केवल पढ़ाई में अव्वल है, अच्छे अंक प्राप्त कर हर कक्षा में प्रथम स्थान प्राप्त करता है। कंप्यूटर का तो कभी कभी प्रयोग करता है और अपने खाली समय में घर से बाहर जाकर दोस्तों के साथ खेल के मैदान में अपने मन चाहे खेल खेलता है। एक अन्य दोस्त को कंप्यूटर पर गेम खेलते देख वह भी न केवल गेम खेलने लगा बल्कि उसको

इसमें आनन्द भी आने लगा। फिर एक दिन उसे दोस्त ने कंप्यूटर पर चैट करना भी सिखा दिया। धीरे धीरे उसे चैटिंग में मज़ा आने लगा और वह अपने अधिक समय चैटिंग में व्यतीत करने लगा।

अब वह कंप्यूटर पर ही अपना अधिक समय व्यतीत करने लगा और भिन्न भिन्न साइटों का प्रयोग करने लगा। एक बार उसने एक साईट पर फ्रेंडशिप विज्ञापन पर क्लिक कर दिया। उसके ऑनलाइन दोस्तों की संख्या तीव्र गति से बढ़ने लगी। अब न तो वह अधिक समय पहले की तरह पढ़ाई में लगाता और न ही अपने दोस्तों के साथ खेल के मैदान में खेलने जाता। बस हर समय कंप्यूटर पर कुछ न कुछ करता रहता। माँ-बाप दोनों नौकरी पेशा थे अतः उसे घर पर कोई रोकने टोकने वाला भी नहीं था। फ्रेंडशिप की साईट एक्सपलोर करते करते उसे एक दिन एस्कोर्ट सर्विस की साईट मिल गई। फिर क्या था वह एक ऐसी दुनिया में पहुँच गया जैसे उसे स्वर्गलोक मिल गया हो। चारों तरफ स्वर्ग की अफ्सराएँ और हूरें नज़र आने लगीं। वह अपने आपको नहीं रोक पाया और पोर्नोग्राफी के चंगुल में फस गया। कहना न होगा कि उस एक विज्ञापन ने उसका जीवन बर्बाद कर दिया।

यह कोई अकेला मामला नहीं है यह तो अब घर घर की कहानी बन गया है। हर घर में अधिकांश बच्चे माँ-बाप से छुप छुपा कर ऐसी साइट्स का प्रयोग करते रहते हैं जो उनके जीवन को बर्बाद कर सकती हैं। यह नितांत आवश्यक है कि हर माँ-बाप अपने बच्चों के कंप्यूटर प्रयोग पर निगरानी रखें। उन्हें अनजान लोगों के साथ चैटिंग करने से रोकें। अगर ऐसे अनजान लोगों के साथ चैटिंग करनी भी है तो उन्हें न तो अपना नाम बताएँ न घर का पता बताएँ, पारिवारिक सूचना, अपना पासवर्ड तो बिल्कुल मत बताएँ।

बच्चों को पोर्नोग्राफी से बचाने के लिए विशेषज्ञों ने कई प्रकार के उपाए सुझाए हैं। माँ-बाप इनमें से किसी भी उपाए को अपना कर पोर्नोग्राफी की साईट को ब्लाक कर सकते हैं। आजकल तो हर माँ-बाप भी कंप्यूटर का प्रयोग करते हैं और उन्हें इस प्रकार की जानकारी भी होगी। जिन्हें इसकी जानकारी नहीं है वे लोग नीचे लिखा सरल तरीका अपना सकते हैं :-

किसी भी साईट को ब्लाक करने के लिए इन्टरनेट एक्स्प्लोरर में टूल मेनू में जाकर इन्टरनेट आप्शन में जा कर कन्टेन्ट टैब में क्लिक करना होगा। फिर कन्टेन्ट ऐडवाइसर में जाकर इनेबल पर क्लिक करें। अब रेटिंग टैब खोलना होगा जिसमें कई विकल्प होते हैं जैसे भाषा, नग्नता, सेक्स, हिंसा आदि। नीचे एक स्लाइडर दिखेगा। अब भाषा, नग्नता, सेक्स, हिंसा में से हर एक को चुन कर उनको देखने की सीमा तय की जा सकती है। यदि आप सेक्स को चुनते हैं तो उसकी सीमा तय कर देने के पश्चात्

उस कप्यूटर पर सेक्स से सम्बन्धी साईट नहीं देखी जा सकेगी। तरीके तो और भी हैं पर आवश्यकता है माँ-बाप को सतर्क व जागरूक रहने की। कंप्यूटर पर साईट को ब्लाक करने के बहुत से सॉफ्ट वेयर भी बाज़ार में उपलब्ध हैं उनका प्रयोग भी किया जा सकता है।

कुछ वेशेषज्ञों के अध्ययन से ज्ञात होता ही कि इंटरनेट से सम्बन्धित बच्चों की समस्याएँ दिन प्रति दिन बढ़ती ही जा रही हैं। सबका उल्लेख करना तो कठिन है लेकिन कुछ आवश्यक बातों पर ध्यान देने की आवश्यकता है।

आजकल बच्चे इतना अधिक इंटरनेट का प्रयोग करते हैं कि वह इंटरनेट बच्चे ही कहलाते हैं, वो भी क्या करें उन्हें जब भी मौका मिलता है इंटरनेट का प्रयोग करने लगते हैं। शोधकर्ताओं का मानना है कि ऐसे लाखों web पेज हैं जो बच्चों को लुभाते रहते हैं और बच्चे उनके झांसे में भी आ जाते हैं। अधिकांश पृष्ठ बच्चों के लिए हानिकारक होते हैं। मुख्य रूप से इंटरनेट टेक्नोलॉजी से बच्चों को तीन प्रकार का ख़तरा हो सकता है।

1. विषय-वस्तु या विषय-सामग्री सम्बन्धी ख़तरा

जिसमें शामिल हैं अनुचित तथा गैरकानूनी सामग्री, हानिकारक सामग्री, हानिकारक सुझाव या सलाह, ऑनलाइन सम्मोहन जिसे अंग्रेजी में Syber Grooming कहते हैं, उत्पीडन, वार्तालाप, गैरकानूनी विषयों पर बात चीत, समस्याजनक सामग्री का अनावश्यक रूप से प्रसारण आदि। यद्यपि सभी विषयों का विस्तार पूर्वक वर्णन नहीं क्या जा सकता परन्तु अभिभावकों की सूचना हेतु कुछ मुख्य विषय सामग्री जो बच्चों के लिए हानिकारक हो सकती हैं जिसे बच्चे चाहे अनचाहे ऑनलाइन पढ़ सकते हैं वह निम्न प्रकार की हो सकती है :-

» बच्चे ऐसे विडियो देख सकते हैं जिनमे वास्तविक हिंसा दिखाई गई हो या बच्चों को हिंसा करने के लिए प्रेरित किया गया हो। ऐसे विडियो देखकर बच्चे हिंसा पर उतारू हो सकते हैं।

» कुछ सामग्री में उन्मुक्त यौन के बारे में हो सकती है। अधिकतर बच्चे ऐसी सामग्री से अधिक प्रभावित होते हैं।

» कुछ अपराधी बच्चों की ही यौन सामग्री(फोटो) तैयार कर लेते हैं और फिर उन्हें ब्लैक-मेल करते हैं।

» लिंग, जाती, धर्म, वर्ण के आधार पर घृणा फ़ैलाने वाली सामग्री।

» ऐसी सामग्री जो बच्चों को हिंसा करने या अपराध करने की प्रेरणा देती है।

» ड्रग या नशा करने की सामग्री प्रदान करना।

» ऐसे और भी अनेक क्षेत्र हो सकते हैं जिनकी सामग्री बच्चों के लिए हानिकारक हो। माँ-बाप को हर छोटी से छोटी सामग्री पर ध्यान देने की आवश्यकता है।

2. निजी सूचना और सुरक्षा सम्बन्धी ख़तरा

बच्चों से व्यक्तिगत और गोपनीय सूचना एकत्र करना, इस सूचना को बहुत से लोगों के साथ शेयर करना, अनदेखे ख़तरे, हानिकारक कोड़ (malicious code), कोमेर्शियल स्पाईवेयर आदि ऐसे क्षेत्र हैं जो बच्चों के लिए हानिकारक हो सकते हैं। अधिकांश बच्चे सूचना का आदान प्रदान ऑनलाइन सॉफ्टवेर के माध्यम से करते रहते हैं। हो सकता है उनकी कोई गुप्त सूचना भी अनचाहे लोगों के हाथ लग जाए या फिर प्राप्त सूचना के साथ-साथ माल्वेयर, स्पायेवेयर या पोनोग्राफी की फ़ाइल भी उन्हें प्राप्त हो जाएँ।

इसमें फिशिंग Phishing की समस्या सबसे गंभीर हो सकती है। ऑनलाइन सर्च करते समय बच्चों को अपराधी लोग नकली मेल या झूठा संदेश (Fake mail or Text) भेजकर बच्चों को कोई न कोई लालच देते हैं और उनसे मनचाही गुप्त सूचना, व्यक्तिगत अथवा वितीय, प्राप्त करने का प्रयास करते हैं। अपराधी लोग बच्चों से प्राप्त गुप्त सूचना से बच्चों की पहचान चुरा कर सूचना का ग़लत प्रयोग कर सकते हैं।

इसी प्रकार हैकर्स फार्मिंग Pharming विधि का प्रयोग करके लोगों द्वारा पोस्ट की गई सामग्री की दिशा उस वेबसाइट पर ले जाते हैं जिसपर वे उसे ले जाना चाहते हैं। हैकर्स इस विधि के माध्यम से एक ही समय में अनेक लगों को प्रभावित करके उन्हें ग़लत या अपराधी साईट पर ले जा सकते हैं। यदि बच्चे गलती से भी इस प्रकार की साईट पर पहुँच जाते हैं तो फिर उन्हें अपराधियों से बचाना कठिन हो जाता है

बच्चे अपने फोन पर या सोशल नेटवर्किंग पेज पर कभी कभी कुछ APPS भी डाउनलोड करते हैं। APPS बनाने वाले लोगों को बच्चों से सम्बन्धित ऐसी जानकारी प्राप्त हो सकती है जिसका उस APP के प्रयोग से कोई सम्बन्ध नहीं होता। इस प्रकार जो जानकारी प्राप्त की जाती है उसका तो दुरूपयोग ही होता है। अपराधी लोग बच्चों के साथ उनका हम-उम्र बन कर चैटिंग के द्वारा भी सूचना एकत्र कर सकते हैं।

इन ख़तरों से बचने का एक ही मार्ग है कि माँ-बाप अपने बच्चों को समझाए कि उन्हें ऑनलाइन केवल अपने जानकारों, दोस्तों या रिश्तेदारों से ही सम्पर्क रखना चाहिए।

3. धन सम्बन्धी ख़तरे

इनमें शामिल हैं बच्चों के लिए अनुपयुक्त वस्तुओं का विज्ञापन, गैरकानूनी वस्तुओं की बिक्री, आवश्यकता से अधिक धन का व्यय, पहचान की चोरी, ऑनलाइन धोखाधड़ी, हेराफेरी आदि। इसके अतिरिक्त ऑनलाइन स्कैम भी बहुत होते हैं। बच्चों को किसी बड़े इनाम पाने का लालच दे कर उनसे धन वसूल लिया जाता है। बच्चों को ख़तरनाक ड्रग्स बेचने का कार्य भी आजकल ज़ोरों शोरों पर है। इंटरनेट पर जो सामग्री बड़े लोगों के लिए विज्ञापित की जाती है बच्चे भी उस तक आसानी से पहुँच सकते हैं। इंटरनेट बच्चों और बड़ों में कोई भेद नहीं करता। कभी कभी तो इन विज्ञापनों में जानबूझ कर बच्चों को हानिकारक समग्री का शिकार बनाया जाता है।

बच्चे टेक्नोलॉजी के इतने अधिक अभ्यस्त हो चुके हैं कि दिन रात हर समय वे किसी न किसी उपकरण का प्रयोग करते ही रहते हैं। उन्हें यह ज्ञात नहीं होता कि नेटवर्क पर क्या पोस्ट करना चाहिए और क्या पोस्ट नहीं करना चाहिए। बच्चों से सम्बन्धित जितने अपराध सामने आते हैं उनसे पता लगता है कि ऐसे अधिकांश अपराध बच्चों के द्वारा इन्टरनेट पर पोस्ट की गई सामग्री के कारण हुए हैं। बच्चे सम्भावित ख़तरे को नहीं पहचान पाते और जोश में आकर सम्वेदनशील सामग्री को भी पोस्ट कर देते हैं। उधारण स्वरूप बच्चे छोटी आयु में ही सोशल नेटवर्क, ब्लॉग्गिंग प्लेटफोर्म और दूसरे web एप्लीकेशन का प्रयोग करना आरम्भ कर देते हैं और उनपर कुछ सूचना, संदेश, चित्र आदि पोस्ट करने लगते हैं जिनमें उनसे या उनके परिवार से सम्बन्धित सम्वेदनशील जानकारी हो सकती है। वे यह समझने की गलती करते हैं कि जो जानकारी उन्होंने पोस्ट की है वह केवल उनके जानकार लोगों तक ही सीमित रहेगी। उनके जानकारों में कुछ लोग ऐसे हो सकते हैं जो बाद में जाकर उनसे मित्रता समाप्त कर सकते हैं या उनके किसी कारणवश शत्रु बन सकते हैं। ऐसे लोग सम्वेदनशील जानकारी अपराधियों को भी भेज सकते हैं।

बच्चों का अपना अकाउंट और ख़तरनाक साइट्स

देखा गया है कि छोटे छोटे बच्चे भी सोशल मीडिया पर अपना अकाउंट खोल लेते हैं और फिर ग़लत संगत में पड़ जाते हैं। कुछ ज़िम्मेदार अभिभावकों ने इस समस्या को समझा और इस पर चर्चा की। फलस्वरूप दिल्ली हाई कोर्ट ने भारत सरकार से पूछा कि 18 वर्ष से कम आयु के बच्चों को अपना अकाउंट सोशल मीडिया पर खोलने की अनुमति क्यों प्रदान की जाती है? इसी प्रकार UNICEF ने भी बच्चों की सुरक्षा को लेकर चिन्ता

व्यक्त की है। सुरक्षा के उपाए करने पर भी बच्चे कोई न कोई मार्ग खोज लेते हैं और ऑनलाइन अपनी मनमानी करने लगते हैं। अच्छा यही होगा कि बच्चों को इस प्रकार की समस्याओं के बारे में जागरूक किया जाए और उन्हें समझाया जाए कि टेक्नोलॉजी का उपयोग बहुत समझदारी से करना चाहिए। क्यूंकि बच्चे कभी कभी अनजाने में किसी ऐसी साईट पर पहुँच जाते हैं जो उनके लिए बहुत हानिकारक हो सकती है जैसे डार्कनेट Darknet एक ऐसी साईट है जिसका प्रयोग बच्चों से सम्बन्धित अपराधिक गतिविधियों के लिए किया जाता है। इंटरनेट पर यह एक ऐसी साईट है जिसके बारे में गूगल google या दूसरे सर्च इंजनों से पता नहीं लगाया जा सकता अतः इसे अंडरवर्ल्ड underworld नाम से भी जाना जाता है। इसके लिए अपराधी लोग एक विशेष प्रकार के सोफ्टवैयर का प्रयोग करते हैं। इसके प्रयोग से अपराधियों को पहचानना या उनको पकड़ना कठिन हो जाता है। इसमें एकत्र सूचना प्याज़ की भांति कई परतों में छुपी होती है और अपने गन्तव्य पर भी यह उन्हीं परतों के माध्यम से पहुँचती है। एक बार सूचना या चित्र को पोस्ट करने के पश्चात उसे मिटाया या हटाया नहीं जा सकता क्योंकि इसमें डिलीट का बटन ही नहीं होता। जब सूचना अपराधियों के पास पहुँचती है तो वे अपना शिकार चुन लेते हैं और फिर बच्चों के साथ अपराधिक गतिविधियाँ बढ़ा देते हैं।

8

विडियो गेम्स और आत्महत्या

वह बचपन नहीं जहाँ खेल नहीं। बच्चे खेल कूद कर ही बड़े होते हैं। खेल-कूद से न केवल बच्चों का स्वास्थ सुधरता है बल्कि उनके शरीर और मस्तिष्क का भी विकास होता है। स्वस्थ शरीर में ही स्वस्थ मन का निवास होता है। शोधकर्ताओं का मानना है कि खेलकूद से बच्चों का सर्वांगीण विकास होता है। भले ज़माने में जब विडियो गेम्स नहीं थे सभी बच्चे घर से बाहर जाकर तरह तरह के खेल खेला करते थे। इससे न केवल उनका शरीर स्वस्थ रहता था उनका मानसिक विकास भी होता था। अन्य खिलाड़ियों के साथ मेलजोल बढ़ता था। खेल के साथ साथ उनमें आपसी सहयोग की भावना बढ़ती थी।

नई टेक्नोलॉजी के आ जाने से अब बच्चे घर से बाहर जाकर खेलना भूल गए हैं। घर के अन्दर ही हर समय अपने स्मार्टफोन या कंप्यूटर पर गेम्स खेलते नज़र आते हैं। केवल बच्चे ही नहीं बल्कि परिवार के दूसरे लोग भी इन गेमों को पसन्द करते हैं। विडियो गेम्स खेलने से वे लाभ तो नहीं होते जो खेल के मैदान में खेलने से होते हैं फिर भी इनके कुछ लाभ तो है हीं। जैसे :–

» ध्यान केन्द्रित करना। विडियो गेम्स बच्चों को हाथ, आँख और दिमाग को केन्द्रित करने की कला में पारंगत करता है।

» समस्या समाधान, योजना बनाना, तुरन्त निर्णय लेना और तार्किक शक्ति को बढ़ाता है।

» अपने उद्देश्य चुनना और उन्हें प्राप्त करने में सहायक होता है।

» समय सीमा में कार्य समाप्त करना सिखाता है।

» खेल जीतने पर उनमे आत्मविश्वास बढ़ता है।

» दोस्तों के सम्पर्क में रहना और नए दोस्त बनाने में सहायक।

» शिक्षा के क्षेत्र में बच्चों की स्मरण शक्ति बढ़ती है।

कहने को तो इसके अनेकों और भी लाभ हो सकते हैं परन्तु यह चिन्ता का विषय तब बन जाता है जब बच्चा अपना सारा समय विडियो गेम्स खेलने में व्यतीत करने लगता है। अधिक समय तक विडियो गेम्स खेलते रहना एक बीमारी भी हो सकती है। World Health Organization ने बीमारियों की जो नई सूची जारी की है उसमें video game addiction को एक मानसिक बीमारी बताया गया है। जब बच्चे अपनी पढ़ाई लिखाई और बाहरी खेल कूद के स्थान पर अपना अधिकांश समय विडियो गेम्स खेलने में व्यतीत करने लगें तो गंभीर समस्याएँ उत्पन्न हो सकती हैं। जैसे :-

शारीरिक और मानसिक क्षमता का ह्रास

जब बच्चे आवश्यकता से अधिक समय विडियो गेम्स खेलने में व्यतीत करने लगते हैं तो उनकी इच्छा घर से बाहर जाकर खेलने की कम होने लगती है। वे पाठ्येतर गतिविधियों में भाग लेना भी बन्द कर देते हैं। शारीरिक श्रम कम होने से न तो मांसपेशियों का विकास ठीक ढंग से हो पाता है और न ही मस्तिष्क तीव्र हो पाता है। बच्चे धीरे धीरे जीवन के दूसरे कामों में भी पीछे रह जाते हैं।

1. तनाव

थोड़े समय के लिए मनोरंजन हेतु विडियो गेम खेलने में कोई हानि नहीं है। यदि बच्चे लगातार अधिक समय तक खेलते हैं तो खेल में होने वाले उतार चढ़ावों से उनमें मानसिक तनाव बढ़ने लगता है। यदि मानसिक तनाव एक सीमा से अधिक हो जाए तो रक्त का प्रवाह मस्तिष्क के उच्च चिन्तन की दिशा में जाने से रुक जाता है और रक्त प्रवाह मस्तिष्क के उन क्षेत्रों में बढ़ जाता है जो जीवन रक्षा के लिए अधिक सम्वेदनशील होते हैं। परिणाम स्वरूप बच्चों को अन्य कार्य करने में रुकावट होने लगती है।

बच्चों के मस्तिष्क की अधिकांश नसे nervs अविकिस्त होती हैं। अभी उनका पूर्ण विकास नहीं हुआ होता अतः बच्चों के मस्तिष्क को बड़ो की अपेक्षा अधिक नुकसान होता है। यह तो सभी जानते हैं कि तनावग्रस्त व्यक्ति शीघ्र ही परेशान हो जाता है और अवांछित हरकतें करने लगता है जो कभी कभी ख़तरनाक भी हो सकती हैं।

2. स्वास्थ की हानी

तनाव के साथ साथ बच्चों में स्वास्थ सम्बन्धी अन्य कठिनाई भी होने लगती है। विडियो गेम में व्यस्त बच्चे न तो समय पर खाना खाते हैं और न ही समय पर सोते हैं। इसके अतिरिक्त जो बच्चे वास्तविक खेल खेलने के बजाए लगातार दो घन्टे से अधिक टी.वी. देखते हैं या विडियो गेम खेलते रहते हैं उन्हें एक तो मुटापा घेर लेता है दूसरे उन्हें अनेक प्रकार के शारीरिक व्यवधान होने लगते हैं जिनमें सिर दर्द, कमर दर्द, चक्कर आना, आँखों में दर्द होने लगता है। उनकी कलाई, हाथों, कंधों और घुटनों में दर्द होने लगता है या वे सुन्न हो जाते हैं।

3. रिश्तों में खटास

यदि बच्चे अपने परिवार के सदस्यों अथवा अपने दोस्तों से बात चीत करने के स्थान पर अपना अधिक समय विडियो गेम खेलने में व्यतीत करते हैं तो रिश्तों में दरार आ सकती है। हो सकता है कि आपका बच्चा आप से विडियो गेम खेलने के समय के बारे में झूठ बोलता हो और आपको सत्य न बताता हो। सत्य न बताने के स्थान पर वह आपसे तर्क करने लगता हो। यदि ऐसी स्थिति है तो माँ-बाप को सावधान हो जाना चाहिए कि उनके बच्चे को विडियो गेम खेलने का नशा हो गया और वह उस नशे का आदि बन चुका है। नशा कोई भी हो उससे मुक्ति पाना आसान नहीं होता।

4. बच्चों में आक्रमकता और हिंसा का भाव पैदा हो सकता है

जो बच्चे हिंसात्मक विडियो गेम खेलते हैं विशेषकर वे बच्चे जो विडियो गेम के आदि हो चुके हैं उनका आचरण भी हिंसात्मक हो जाता है। ऐसे बच्चे बात बात पर हिंसा पर उतारू हो जाते हैं। आश्चर्य नहीं ऐसे बच्चे अपने माँ-बाप के साथ भी हिंसा करने लगें। विशेषज्ञों का मानना है कि हिंसात्मक गेम खेलने वाले बच्चों के मन में समाज विरोधी विचार उत्पन्न होने लगते हैं। उनके माँ-बाप भी समाज का एक हिस्सा हैं। समाज को

छोड़ भी दें तो ऐसे बच्चे अपने हिंसात्मक भाव के कारण दूसरों की हत्या भी कर देते हैं। जानवरों को मारना उनका मनोरंजन बन जाता है।

5. पढ़ाई का नुक्सान

यदि कोई बच्चा आवश्यकता से अधिक विडियो गेम खेलने का आदि हो गया है तो सच मानिये वह अपनी पढाई में पिछड़ता जाएगा। देर रात तक गेम खेलने से उसकी मानसिक और शारीरिक शक्ति का निरंतर ह्रास होता रहता है और अंततः पढ़ाई पर न तो वह पूरा ध्यान दे पाता है और ना ही उसमें सफल हो पाता है।

6. नशे का आदि होना

यदि विडियो गेम को नशा कहा गया है तो इन्ही गेमों से बच्चे वास्तविक नशा करना भी सीख लेते हैं और ड्रग्स और शराब का उपयोग करने लगते हैं। माँ-बाप को पता ही नहीं लगता कि कब उनका बच्चा नशे का शिकार हो गया है।

7. यौन सम्बन्धी अवगुण

विडियो गेम खेलते खेलते बच्चों को यह ज्ञात ही नहीं हो पाता कि कब वे यौन शोषण का शिकार हो गए हैं। ऑनलाइन जितने विकार है उनमे से विडियो गेम सबसे अधिक प्रभावशाली होता है।

सारा अपराध बच्चों का नहीं होता। इसमें माँ-बाप भी उतने हो दोषी होते हैं जितना बच्चे। बच्चे अपने दोस्तों के साथ आधी रात तक विडियो गेम खेलते रहते हैं और माँ-बाप को ज्ञात ही नहीं होता कि उनके बच्चे कर क्या रहे हैं। माँ-बाप ने भी अपने बचपन में विडियो गेम खेले होंगे पर तब के खेलों और आज के खेलों में ज़मीन आसमान का अंतर है। सच तो यह है कि हर दिन नई नई टेक्नोलॉजी के आ जाने से टेक्नोलॉजी का पूरा स्वरूप ही बदल गया है। इससे पहले कभी बच्चे ऑनलाइन मीडिया से इतना अधिक नहीं जुड़े रहते थे जितना आजकल जुड़े रहते हैं। विडियो गेम का उद्योंग बहुत बड़ा है और सर्वाधिक लाभकारी है। इसके पक्षधर इसके लाख लाभ बताते रहें पर वास्तविकता यह है कि ऐसे गेम बच्चों के जीवन का ख़तरा बनते जा रहे हैं। अफ़सोस इस बात का है कि माँ-बाप बच्चों को झूठ बोलने, चोरी करने, जंक फ़ूड खाने से तो

मना करते रहते हैं पर हिंसात्मक विडियो गेम खेलने से मना नहीं करते क्योंकि बच्चे तो विडियो गेम खेलने में व्यस्त रहते हैं और इस दौरान माँ-बाप को परेशान नहीं करते। बच्चों की परेशानी से बचने के लिए भी माँ-बाप उन्हें गेम खेलने के लिए प्रोत्साहित करते रहते हैं।

अस्सी के दशक में जो विडियो गेम्स थे वे न केवल बच्चों के मनोरंजन के लिए थे बल्कि उन खेलों से हाथ और आँखों में संतुलन बनाए रखने और मन को एकाग्र करने की कुशलता में भी वृद्धि होती थी। ये सब ऑफ़ लाइन थे। नब्बे का दशक आते आते ऑनलाइन ऐसे गेम आ गए जो बच्चे अपने फोन पर भी खेल सकते हैं। पहले एक गेम को एक समय एक ही बच्चा खेल सकता था नए-नए गेम जो आजकल आ रहे हैं उनको एक समय में न केवल कई बच्चे खेल सकते हैं बल्कि वे स्वयं उसके भागीदार भी बन सकते हैं। अपने काल्पनिक virtual प्रतिरूप बना सकते हैं और उनके माध्यम से वह सब कुछ कर सकते हैं जो उन्हें वास्तविक जीवन में नहीं करना चाहिए। यदि समस्या यहीं तक सीमित रहती तो इतना ख़तरा नहीं था परन्तु अब कुछ गेम तो बच्चों के लिए भयानक ख़तरा बनते जा रहे है।

बच्चों को यह ख़तरा किसी अपहरण कर्ता, चोर, डाकू या दुश्मन से नहीं है। बच्चों को यह ख़तरा सोशल मीडिया प्लेटफार्म और असमान्य गेमों से है। पहले जब बच्चे घर से बाहर फुटबॉल, क्रिकेट, कबड्डी खेलने जाते थे तो माँ-बाप को उनकी चिन्ता लगी रहती थी। अब जब बच्चे घर में बैठ कर घंटो तक विडियो गेम खेलते रहते हैं तो माँ-बाप सोचते हैं कि बच्चे घर के अन्दर अधिक सुरक्षित हैं। यही उनकी सबसे बड़ी भूल है। क्योंकि घर में रह कर बच्चे जो गेम खेलते हैं हो सकता है उनमें से कुछ गेम उन्हें अपराध करना सिखा रहे हों। कुछ गेम तो बच्चों के लिए जान लेवा होते हैं।

9

बल्यू व्हेल एक ख़तरनाक गेम

यह एक कातिल गेम है। कहते हैं इसकी शुरुवात वर्ष 2013 में रशिया में हुई थी। इसको आरम्भ करने वाले ग्रुप का नाम ही डेथ ग्रुप था जिसको "F57" के नाम से जाना जाता है और लगभग 50 देशों में खेला जाता है। यह कोई आम गेम नहीं है। इस गेम में बच्चों को हर दिन एक ख़तरनाक काम करने की चुनौती 50 दिनों तक दी जाती है। इस गेम को खेलने वाले बच्चों को अपने हर दिन के काम की फोटो या विडियो भेजना होता है ताकि चुनौती देने वाले (खेल खिलाने वाले को जिसे Adminstator या क्यूरेटर कहा जाता है) को चुनौती पूरी करने का यक़ीन हो जाए। ये चुनोतियाँ साधारण नहीं होतीं बल्कि ख़तरनाक होती है जैसे आधी रात को डरावनी फिल्म देखना, रात अँधेरे अकेले सुनसान स्थान पर जाना, अपनी बाजू पर अपने खून से कुछ लिखना। अंततः खुद कुशी कर लेना।

इस खेल में क्यूरेटर सबसे पहले बच्चों के बारे में और उनके परिवार के बारे में पूरी जानकारी प्राप्त करता है, उनके बारे में गुप्त सूचना एकत्र करता है ताकि उन्हें ब्लैक-मेल कर सकें। धीरे धीरे बच्चों के मस्तिष्क में यह बैठाया जाता है कि यह संसार उनके रहने के योग्य नहीं है जितना जल्दी हो सके इस संसार को छोड़ दो। यदि बच्चा उनकी बात मानने से इंकार करता है तो क्यूरेटर उनको परिवार की धमकी देता है,

उनसे सम्बन्धित गुप्त सूचना को प्रकाशित करने की धमकी देता है। इस प्रकार के अपराधी बच्चों को अपना निशाना इसलिए बनाते हैं क्योंकि बच्चे अज्ञान होते हैं और इस प्रकार की स्थिति को सम्भालने की क्षमता उन में नहीं होती। अधिकतर ऐसे बच्चे उनका शिकार बनते हैं जो मानसिक रूप से स्वस्थ नहीं होते या जो बच्चे किसी भी कारण से तनाव में रहते हैं। फलस्वरूप बच्चे यह निर्णय नहीं कर पाते कि उनके लिए क्या अच्छा है और क्या बुरा है।

रशिया के समाचारपत्र नोवाया गजेटा की वर्ष 2016 में प्रकाशित रिपोर्ट के अनुसार केवल रशिया में बल्यू व्हेल गेम खलने के कारण 80 बच्चों ने आत्महत्या कर ली थी। कहते हैं भारत में भी कुछ बच्चों ने यह गेम खेलते हुए आत्महत्या करने का प्रयास किया है उनमें से एक दो बच्चों ने आत्महत्या की भी है।

बल्यू वहेल नामक यह विडियो गेम कितना भयानक हो सकता है इसकी झलक रशिया में इस गेम से हुई मौतों के जाँच अधिकारी से प्राप्त सुचना के आधार पर Will Stewart द्वारा तैयार की गई और 10 मई 2017 को The Daily Mail में प्रकाशित विस्तृत रिपोर्ट से प्राप्त हो सकती है। रिपोर्ट के अनुसार बल्यू वेहल नामक गेम के आविष्कार कर्ता का कहना है कि जो बच्चे यह गेम खेल कर आत्महत्या करते हैं वो बच्चे मानसिक रूप से रोगी होते हैं और ऐसे मानसिक रोगी बच्चों को मार कर वह समाज को इन रोगियों से मुक्त कर रहा है। इस गेम के अविष्कार कर्ता ने बहुत से बच्चों के दिमाग को अपने वश में कर लिया है और ऐसे बच्चे उससे बेहद प्यार करते हैं। रशिया में जब उसे पकड़ कर जेल में डाला गया तो उससे बहुत सी लड़कियों के प्रेम पत्र प्राप्त हुए। मनोचिकित्सकों का मानना है कि जिन लड़कियों ने उसे प्रेम पत्र लिखे हैं हो सकता है वो लड़कियाँ उसके प्रेमजाल में फस गई हों। उन्हें शायद अपने माँ-बाप से न तो प्यार मिला हो और न ही उनकी परवाह की गई हो। इसका लाभ उठाते हुए अविष्कार करने वाले युवक ने इन लड़कियों को इंटरनेट पर अपने प्यार से लुभा लिया हो। उन्हें भावनात्मक सहारा दिया हो। प्यार के भूखे बच्चे उसकी हर बात मानने लगे। ऑनलाइन पर कुछ death group केवल यही कार्य करते हैं। अधिकारियों का मानना है कि केवल रशिया में ऐसे सैंकड़ों उधारण हैं जहाँ लोगों ने लड़कियों को अपने झूठे मोह-जाल में फंसा कर मौत के मुंह में धकेल दिया हो। रिपोर्ट में आगे बताया गया है कि death group ऑनलाइन पर कार्य कैसे करते हैं।

बच्चों को यह गेम खिलाने वाला और उसके साथी मिलकर सबसे पहले बच्चों को डरावने और खोफनाक विडियो दिखा कर सोशल मीडिया की तरफ आकर्षित करते हैं। उनका एक ही लक्ष्य होता है अधिक से अधिक बच्चों को अपनी ओर आकर्षित करना।

इनमें से फिर वो उन बच्चों को छांटते हैं जिन्हें मनोवैज्ञानिक रूप से प्रभावित किया जा सकता हो। मान लो 15000 हज़ार बच्चों में से केवल 20 बच्चे उनके प्रभाव में आ जाते हैं इन बच्चों को वे सबसे पहले बहुत आसान सा काम सौंपते हैं। जो बच्चे मानसिक रूप से मज़बूत होते हैं वे बच्चे इन सरल कामों को बोरिंग समझ कर छोड़ देते हैं। लेकिन जो बच्चे उनका कहना मान लेते हैं उन्हें और भी कठिन कार्य सौंपा जाता है जैसे छत की मुंडेर पर चड़कर चलना, अपने हाथों की नस काटना, किसी जानवर की हत्या करना आदि। फिर बच्चों से कहा जाता है किए गए कामों के चित्र या विडियो बना कर उन्हें भेजें। इस अवस्था पर अधिकांश बच्चे आगे खेलना बन्द कर देते हैं। फिर भी कुछ बच्चे उनका कहना मानकर और भी आगे खेलते रहते हैं। ऐसे बच्चे आँख और दिमाग बंद करके उनका हर कहना मानते जाते हैं चाहे वह कितना ही डरावना, भयानक या जानलेवा ही क्यों न हो। इस अवस्था में पहुँच कर ऐसे बच्चे अपने आप पर गर्व महसूस करने लगते हैं केवल यह सोच कर कि उन्होंने बहादुरी के सारे काम करके दिखा दिए हैं और ग्रुप में उनका महत्व और भी बढ़ गया है। गर्व में चूर ये बच्चे अब कुछ और भयानक कार्य भी करने को तत्पर हो जाते हैं।

जाँच कर्ता अधिकारी का कहना है कि जब गेम के एडमिनिस्ट्रेटर ने कुछ बच्चों को अपने मोबाइल फोन से वार्ता को डिलीट करने को कहा तो एक लड़की को छोड़कर बाकि सब बच्चों ने डिलीट कर दिया। जिस लड़की ने डिलीट नहीं किया उसका कहना है कि इस गेम में बच्चे बड़ी आसानी से फस जाते हैं। वह कहती है कि दूसरे बच्चों के समान वह भी अपना अधिकांश समय नेट पर बिताती थी। सोशल मीडिया पर उसने एक लिंक देख कर डरावने चित्र पर क्लिक कर दिया, फिर दूसरे चित्र पर और अंत में वह एक ऐसे ग्रुप में शामिल हो गई जो आत्महत्या को प्रोत्साहित करता था। सोशल मीडिया पर ऐसे हजारों ग्रुप थे और उनमें शामिल होना भी बहुत आसान था। एक ग्रुप में शामिल होने के पश्चात् दिए गए आसान कार्यों को जब उसने पूरा कर लिया तो उसे बच्चों के एक छोटे ग्रुप में शामिल कर दिया गया। इस ग्रुप ने उसे रात को चार बजे उठा कर चैट करने के लिया कहा। मुझे एक रात, दो रात, रात भर रात और रातों रात तब तक चैट करने के लिए कहा जाता जब तक मैं थक कर चूर नहीं हो जाती। रातों रात चार बजे जाग जाग कर उनके कहे अनुसार चैट करने से मैं थक कर इतनी मजबूर हो जाती कि मुझ में कुछ भी सोचने की शक्ति नहीं रहती थी। थक हार कर मैं कुछ भी नहीं सोच पाती थी। अचानक रात के अँधेरे में जब बाकी सारी दुनिया सो रही होती मेरे फोन की घंटी बज उठती और मुझे उस पर हर छण नए-नए विडियो दिखाए जाते कुछ में बच्चों को अपने घर की छत से नीचे कूदते हुए दिखाया जाता, ऐसे ऐसे क्लोज-उप दिखाए जाते जिनमें बच्चों के शरीर खून से लथपथ होते, उनके मुंह से

खून की धार बहती होती, उनके शरीर के आस पास खून ही खून बिखरा होता। इतना ही नहीं बैकग्राउंड में बहुत डरावना संगीत भी होता जिसमें पशुओं के रोने की आवाज़ के अतिरिक्त ऐसा लगता मानों बच्चों को प्रताड़ित किया जा रहा है और उनके रोने, चिल्लाने और सुबकने की तेज़-तेज़ आवाज़ें आ रही हों। घबराहट में मैं सोचने लगी या तो मैं स्वयं आत्महत्या के लूं या किसी और की हत्या कर दूँ।

मैंने एक बार पोस्ट कर दिया कि मैं इस ग्रुप को छोड़ना चाहती हूँ। उत्तर में मुझे धमकियाँ मिलने लगीं। मुझे कहा कि गया मैं एक निकृष्ट प्राणी हूँ, निकृष्ट जीवन जीते हुए भी मुझे अपने जीवन से घृणा नहीं हो रही? ऐसे निकृष्ट जीवन से तो छुटकारा पा लेना चाहिए। मुझे तब तक विडियो देखने को मजबूर किया गया जब तक मैं अपने सारे वार्तालाप को डिलीट नहीं कर देती। ऐसे विडियो देखने के बाद तो शायद बड़े लोग भी घबरा जाएँ। बच्चों का तो कहना ही क्या। लड़की ने बताया कि इसके बाद उसे एक और भयानक विडियो दिखया गया जिसमें काले स्क्रीन पर डरावना संगीत चल रहा था रेलवे ट्रैक पर खड़ी एक अन्य लड़की को ट्रेन के नीचे आकर चिथड़े चिथड़े होते हुए दिखाया गया था। उसके रुदन, भयानक चीखों और मांस के लोथड़ों को देखकर बड़े बड़ों के छक्के छूट जाते हैं। ऐसे मंजर को देखकर हर आदमी का दिल मुंह को आ जाता है। इस विडियो को देखकर मेरे मन में भी अपने निकृष्ट जीवन से छुटकारा पाने की इच्छा होने लगी। मुझे बताया गया कि मेरा जीवन निकृष्ट है और इस दुनिया में उस में कोई सुधार नहीं हो सकता। अच्छा होगा यदि मैं आत्महत्या कर लूँ। उन्होंने बताया कि मेरे जीवन से किसी को प्यार नहीं है मेरे माँ-बाप को भी नहीं। इसलिए ऐसे बेकार जीवन को समाप्त कर देना ही अच्छा है उसने मुझे समझाया। उसने आगे कहा कि मैं बहुत समझदार हूँ और इसी कारण उन्होंने मुझे आत्महत्या करने के लिए चुना है। वो खुशनसीब होते हैं जिन्हें आत्महत्या करने के लिए चुना जाता है और मैं भी उतनी ही खुशनसीब हूँ क्योंकि मुझे जीवन व्यर्थ होने की सचाई समझ में आ गई है। उसने आदेश दिया कि समझदार बनो और आत्महत्या करके जीवन में एक बहुत अच्छा कार्य करने का उधारण प्रस्तुत करो। इस कार्य में देर मत करो।

मैं घबरा गई थी और उनके अंतिम आदेश को मानने से हिचकिचा भी रही थी। मेरी हिचकिचाहट को देखकर उसने मुझे एक दूसरा सुझाव दिया। उसने कहा कि यदि मुझे छत से कूदने या चलती ट्रेन के नीचे आने से डर लगता हो तो मैं ज़हर पी लूँ। इससे मरने में मुझे कोई तकलीफ नहीं होगी। उसके कहे अनुसार मैंने टाइम सेट कर लिया। पर भगवान की बहुत कृपा हुई जिसने मुझे समय रहते आत्महत्या करने से बचा लिया।

अपराधी तो अब रशिया की जेल में है। जब उससे पूछा गया कि उसने बच्चों को आत्महत्या करने के लिए क्यों प्रेरित किया था तो उसने बड़ी बेशर्मी से जवाब दिया कि हाँ मैंने बहुत से बच्चों को न केवल प्रेरित किया है बल्कि बहुत से बच्चों ने मेरा कहना मान कर आत्महत्या भी की है। आत्महत्या नहीं बल्कि उन्होनें ख़ुशी-ख़ुशी अपनी जान दे दी क्योंकि वे ऐसा करना चाहते थे। बड़ी बेशर्मी के साथ वह आगे बताता है कि आत्महत्या करने वाले सभी बच्चे मानसिक रोगी थे एक तरह से ऐसे बच्चे समाज का कूड़ा होते हैं और उन्हें आत्महत्या के लिए प्रेरित करके एक तरह से मैं समाज से इस कूड़े को साफ़ कर रहा था। इनका समाज के लिए कोई उचित उपयोग नहीं था न ही वे समाज का कुछ भला कर सकते थे। अतः उनका मर जाना ही समाज के लिए उचित था। मैं इस पर पिछले पांच वर्षो से कार्य कर रहा था और वर्ष 2013 में मैंने F57 (ऑनलाइन) करके इस कार्यक्रम को आरम्भ कर दिया। मेरा उद्देश्य समाज के कूड़े को समाज के अच्छे वर्ग से अलग करना था। मेरे सोशल मीडिया की सामग्री अवसाद ग्रस्त होती थी। इस प्रकार की सामग्री पहले बच्चों को मेरे विचारों से प्रभावित करती थी। प्रभावित हो जाने के पश्चात बच्चों को ऑनलाइन ऐसी अवस्था में ले जाया जाता था जहाँ यह सब कुछ है। इस अवस्था में हम बच्चों के साथ बल्यू व्हेल गेम आसान काम करने से आरम्भ करते हैं। धीरे धीरे बच्चों के साथ अन्तरंग वार्तालाप आरम्भ होता है। जिससे हमें यह ज्ञात हो जाता है कि कौन कितने पानी में है। बच्चों से मनचाही जानकारी प्राप्त करने के पश्चात् मैं उनसे स्काइप (Skype) पर बात करके उन्हें सम्मोहित कर देता था और सम्मोहन की अवस्था में उनके जीवन से सम्बन्धी सभी जानकारी एकत्र कर लेता था। कभी कभी अत्यंत गुप्त सूचना प्राप्त करने के लिए बच्चों को सुषुप्त अवस्था में भी ले जाना पड़ता था क्योंकि ऐसी स्थिति में उनसे सब कुछ उगलवाया जा सकता है। यह तरीका जितनी आशा थी उससे भी अधिक सफल हुआ इतना सफल कि कुछ लोग मेरी नक़ल करके और मेरे नाम से बच्चों को बहकाने का कार्य करने लगे और यह कार्य बहुत से लोग अब भी कर रहे हैं। उन्होंने बहुत से death group बना लिए हैं जो बच्चों को आत्महत्या करने के लिए प्रेरित करते हैं।

उक्त रपोर्ट में बहुत कुछ बताया गया है कि किस प्रकार उस अपराधी ने दूसरे बच्चों को मारने का कार्यक्रम बनाया। उसने जाँच कर्ता अधिकारी को बताया कि उसके स्कूल में कोई दोस्त नहीं थे। माँ और बाप दोनों घर से बहुत दूर जा कर नौकरी करते थे। आने जाने में बहुत समय व्यतीत होता था। स्कूल में दूसरे बच्चों के साथ उसकी अक्सर लड़ाई हो जाती थी। वह पढ़ाई में भी कमज़ोर था। स्कूल के बाद वह बैठ कर घण्टों तक ऑनलाइन गेम खेला करता था। उसने बताया कि इस प्रकार अकेले रहते रहते सब कुछ अपने आप करते करते वह अपने आप को अपना मालिक समझने लगा। अचानक

उसे लगने लगा कि वह दूसरों के जीवन और इनकी इच्छा का मालिक भी बन सकता है। उसने फिर इस हत्यारे गेम को बनाया जिसके कारण कई बच्चों ने आत्महत्या कर ली। जाँच कर्ता अधिकारी ने रिपोर्टर को बताया किस प्रकार बच्चे उसके जाल में फस कर आत्महत्या करते रहे। बच्चों को आत्महत्या करने से पहले वह उनको मानसिक रूप से आत्महत्या करने के लिए तैयार करता था। उनके मन से मौत का डर निकालता था। रशिया में दो लड़कियों ने बल्यू व्हेल नामक गेम के कारण आत्महत्या कर ली। एक अन्य लड़की ने एक WakeMe Up at 4:20 नामक ग्रुप में Logging करने के बाद बारहवीं मंजिल से कूद कर आत्महत्या कर ली कहते हैं कि इस ग्रुप में भी लाखों की संख्या में बच्चे गेम खेलते थे। उस लड़की को कहा गया था कि वह मोटी है और उसे केवल थोड़ा सा सलाद ही खाना पड़ेगा। ग्रुप में शामिल होने के 50 दिन के अन्दर उसने आत्महत्या कर ली। उक्रेन की एक अन्य 16 वर्षीय लड़की ने दसवे माले से कूद कर आत्महत्या कर ली। उसकी सहेलियों ने बताया कि वह बहुत शर्मीली लड़की थी। स्कूल में हमने उसके बाजुओं पर कटने के निशान देखे थे। मरने से पहले उसने अपने सोशल नेटवर्क पेज पर ऊँची बिल्डिंग से लिए गए दृश्य का चित्र पोस्ट किया था और लिखा था कि "इंतज़ार पूरा हो गया बस अब एक कदम लेना बाकी है। उसने आगे लिखा "मुझे नहीं मालूम था इतनी ऊंचाई से नीचे कूदना इतना डरावना हो सकता है। परन्तु बस एक कदम आगे बढ़ाने से सब समाप्त हो जाएगा। लेकिन यह आखरी कदम ही सबसे कठिन कदम लग रहा है। कूदने से पहले उसने फिर लिखा मुझे बहुत डर लग रहा है, मैं बहुत घबरा रही हूँ। इसके बावजूद भी वह लड़की दसवी मंज़िल से नीचे कूद गई और तुरन्त मर गई।

अपराधी बच्चों से पहले आसान काम करवाते हैं, फिर कठिन, और भी कठिन, अत्यंत कठिन, फिर डरावने काम करवाते हैं और अंत में भयानक काम करने को कहते हैं। इस प्रकार उनके मन से डर निकाल कर वह बच्चों को आत्महत्या करने के लिए प्रेरित करते हैं।

केवल बल्यू व्हेल गेम ही नहीं इसी प्रकार के अन्य भी बहुत से गेम हैं जिनसे माँ-बाप को अपने बच्चों को बचाना होगा।

10

अन्य ख़तरनाक गेम्स

सोशल मीडिया की दुनिया में केवल बल्यू व्हेल गेम एकेला ऐसा गेम नहीं है जो बच्चों को आत्महत्या करने के लिए प्रेरित करता है। वहाँ बहुत सारे दूसरे भी ऐसे गेम हैं जो बच्चों के लिए ख़तरनाक हो सकते हैं। ऐसे सभी गेमों का उल्लेख करना तो संभव नहीं है परन्तु कुछ प्रचलित गेमों का वर्णन किया जा रहा है।

पोकेमोन-गो

यह एक ऐसा विडियो गेम हैं जिसमें बच्चों को पोकेमोन नामक अनेक प्रकार के आकर्षक जीव जन्तुओं की खरीद फरोख करनी पड़ती है। यह एक प्रकार का कारोबार का गेम है जो ऑनलाइन तो है पर वास्तविक जीवन में भी खेला जाता है। गेम खेलते समय बच्चों को ऐसा लगता है मानो पोकेमोन उनके फोन और कैमरे का प्रयोग करके किसी स्थान पर चला जाता है। बच्चे पोकेमोन को ढूंढते ढूंढते उन स्थानों की खोज करने लगते हैं। इस खोज में उनका ध्यान तो अपने फोन पर होता है और दुनिया से बेखबर चलते चलते पोकेमोन को तलाशते रहते हैं। उन्हें न सड़क का ध्यान होता है न ट्रैफिक पर उनकी नज़र होती है। इस गेम को खेलने वाले बच्चे कई बार सड़क के हादसों का

127

शिकार हो जाते हैं। इस गेम का नशा बच्चों पर इतना हावी हो जाता है कि कई बार वे नदी, नाले तालाब में फस जाते हैं और कई बार तो वे ऊँची चट्टानों या ऊँची बिल्डिंगों से भी नीचे कूद जाते हैं। पोकेमोन को ढूंढते ढूंढते बच्चे कई हादसों का शिकार हो जाते हैं। कहना नहीं होगा कि पूरी दुनिया में अनेकों बच्चे इस गेम को खेलते खेलते अपनी जान गवा चुके हैं।

खेल के दौरान बच्चों की भेंट कुछ ऐसे अनजान लोगों से भी हो सकती है जिन्हें वे पहचानते ही नहीं। इस गेम के एक खेल को कहते हैं Raids जिसमें बहुत से लोग मिलकर यह खेल खेलते हैं। लेकिन बच्चे उन सब लोगों को नहीं पहचानते। इनमें कुछ लोग अपराधी प्रवृती के हो सकते हैं जो बच्चों को नुक्सान पहुंचा सकते हैं।

इस गेम को खेलते खेलते बच्चों को यह पता नहीं होता कि वे पोकेमोन को ढूंढने कहाँ जा रहे हैं। उपलब्ध तथ्यों के अनुसार बच्चे ऐसे स्थान पर भी पहुँच सकते हैं जो उनके लिए सुरक्षित नहीं होता।

इस गेम में बच्चों को कुछ खरीदारी करनी पड़ती है तभी गेम आगे चलता है। इस खरीदारी में वास्तविक धन देना पड़ता है। गेम के नशे में बच्चों को ध्यान ही नहीं रहता उन्होंने खेल खेल में बहुत अधिक धन खर्च कर दिया है।

व्यक्तिगत सूचना का भय: इस गेम में बच्चों से उनकी व्यक्तिगत सूचना मांगी जाती है जैसे उनका नाम, जन्म तिथि, ई-मेल एड्रेस। इस प्रकार मांगी गई सूचना का कैसे प्रयोग किया जाता है कोई नहीं जनता। इस सूचना का ग़लत प्रयोग भी हो सकता है।

इस गेम को गूगल मैप बनाने वाली कम्पनी नीआनरिक ने तैयार किया है (गूगल ने नहीं) अतः इस गेम में गूगल मैप के सहारे वास्तविक स्थानों की तलाश करने की व्यवस्था स्मार्ट फोन कैमरे की सहायता की गई है। हर बच्चे के हाथ में एक स्मार्टफोन होता है और खेल की भावना भी सब बच्चों में होती है। इसका उचित प्रयोग तो सहायक हो सकता है लेकिन ग़लत प्रयोग से बच्चों की जान भी जा सकती है। इस खेल के मुख्य रूप निम्न प्रकार है:

पोकेमोन में भी भिन्न भिन्न गेम्स होते हैं

पोकेमोन

इस गेम में पोकेमोन-मास्टर नामक पोकेमोन रूपी छोटे-छोटे जीवों को खिलाड़ियों द्वारा पकड़ना होता है जिसके लिए वे गोलाकार गाइड जैसी वस्तु का प्रयोग करते हैं। इसको

पोके बाल कहा जाता है। पकड़े जाने वाले जीव भिन्न भिन्न प्रकार के होते हैं उनकी चाल, गति, स्वभाव, फुर्ती भी भिन्न भिन्न प्रकार की होती है। इसमें जीतने के लिए अधिक से अधिक जीवों को पकड़ना होता है। विजेता को पोकेमोन मास्टर कहा जाता है।

पोकेमोन Gyms

इस खेल का मुख्य अंश होता है ऊँची ऊँची बिल्डिंग्स जो विश्व भर में कहीं भी हो सकती हैं। खिलाड़ियों को आपस में प्रतिस्पर्धा करते हुए इन बिल्डिंगों को ढूँढना पड़ता है। खिलाड़ी गूगल मैप का प्रयोग करते हुए इन बिल्डिंगों को खोजते हैं। इस कार्य में वे इतने मस्त हो जाते हैं की आपा ही भूल जाते हैं और दुर्घटना का शिकार भी हो सकते हैं।

पोकेमोन रेड्स

यह एक प्रकार का युद्ध होता है जो बहुत से खिलाड़ी मिलकर खेलते हैं। इस खेल में सबको मिलकर युद्ध में अपने रेड बोस नामक प्रतिद्वन्दी को हरा कर अंक प्राप्त करने होते हैं। इस युद्ध में भाग लेने के लिए बच्चों को एक पास लेने की आवश्यकता होती है। हर खिलाड़ी को एक दिन में केवल एक पास ही मिल सकता है। यदि अधिक पासों की आवश्यकता हो तो नकद धन देकर खरीदना पड़ता है। कहने की आवश्यकता नहीं एक पास से कभी खेल पूरा नहीं होता और बच्चों को अनचाहे अधिक से अधिक पास खरीदने पड़ते हैं। एक तरफ तो धन की हानि होती है और दूसरी तरफ बच्चे अनजान लोगों के सम्पर्क में आ जाते हैं।

अगस्त 2017 में NDTV के एक प्रोग्राम में कुछे अन्य विडियो गेम्स के बारे में बताया गया था जो बच्चों के लिए जान लेवा हो सकते हैं। जैसे :-

वैम्पायर बाईटिंग:

गेम के नाम से ही पता लगता है कि यह गेम वैम्पायर अर्थात पिशाचों द्वारा किए गए खून खराबे जैसा होगा। इस गेम में खिलाड़ियों को अपने वास्तविक जीवन में पिशाच बन कर आस पास के लोगों के मांस को अपने दांतों से काट काट कर उनको आहत करना होता है। जब बच्चे पिशाच बनकर दूसरे लोगों को काटते हैं तो उनका खून बहता है। यह खून खिलाड़ियों के मुंह में भी चला जाता है। दूसरों के खून का सम्पर्क सीधे खिलाड़ी के मुंह से जाता है। वह व्यक्ति जिसको खिलाड़ी काटते हैं यदि वह किसी

संक्रमण रोग जैसे HIV, हेपेटाईटिस आदि से पीड़ित हो तो उसके संक्रमण रोग से गेम खेलने वाले बच्चे भी इन जान लेवा बीमारियाँ के शिकार हो सकते हैं। इसका खुलासा अगस्त 2017 को NDTV पर भी किया गया था।

स्नोर्टिंग चैलेन्ज:

नाम से ही ज्ञात हो जाता है यह गेम सूंघने की क्षमता से सम्बन्ध रखता है। परन्तु आश्चर्य यह है कि यह किसी सुगंध या दुर्गन्ध को सूंघना नहीं है। इस गेम में बच्चे एक दूसरे को अपनी नाक से वस्तुओं को खींच कर मुंह से निकालने की चुनौती देते हैं और ऐसी ऐसी वस्तुओं का प्रयोग करते हैं जिनके बारे में सोचा ही नहीं जा सकता जैसे गुब्बारे, स्ट्रिंग। कहना नहीं होगा की ऐसी वस्तुएं कभी भी जान लेवा हो सकती हैं।

जब चैलेन्ज (challenge) का नाम आ ही गया है तो You Tube पर चैलेंज नाम के हज़ारों की संख्या में गेम उपलब्ध हैं जो गेम के रूप में बच्चों को भिन्न भिन्न प्रकार की ख़तरनाक चुनौतियां पूरी करने के लिए कहते हैं जिनमें बच्चों की जान भी जा सकती है। कुछ गेमों का वर्णन नीचे किया गया है :-

गुमशुदा (Game of 72)

इस गेम में बच्चों को 72 घन्टे के लिए घर से भाग कर गुम हो जाने के लिए कहा जाता है। बच्चे बिना माँ-बाप या किसी और को बताए 72 घन्टे के लिए कहीं जा कर छुप जाते हैं। जब बच्चे घर नहीं आते तो माँ-बाप घबरा जाते हैं बहुत ढूंढने पर भी जब बच्चे का कोई पता नहीं लगता तो अंत में पुलिस में बच्चे के अपहरण की रिपोर्ट लिखवाते हैं। गुमशुदा बच्चे के दोस्त, जो इस खेल में शामिल होते हैं, उसे ढूंडने का प्रयास गेम के द्वारा करते हैं। जो ढूंड लेता है उसे सर्वाधिक अंक प्राप्त होते हैं। इस गेम में बच्चों को यह ज्ञात नहीं होता कि छुपने के लिए वे किसी ख़तरनाक स्थान का चयन भी कर सकते हैं जहाँ उनकी जान को ख़तरा भी हो सकता है। उनकी अनुपस्थिति में घबराकर उनके माँ-बाप को सदमा लग सकता है और उस सदमें में उनकी जान भी जा सकती है।

द कार सर्फिंग चैलेन्ज

इस गेम में बच्चों को चलती कार पर ख़तरनाक हरकतें करने के लिए कहा जाता है। चलती कार की बोनट पर लेटने या फिर बम्पर पर खड़े होकर कुछ करने के लिए कहा जाता है। यदि शरीर का बैलेंस बिगड़ जाए तो बच्चों की मौत निश्चित है।

चोकिंग गेम

यह बहुत ही अजीब और ख़तरनाक गेम है जिसमें खिलाड़ी एक दूसरे का गला दबाते हैं। जो खिलाड़ी गले के दबाव को अधिक से अधिक समय तक सहन कर लेता है वह विजेता बन जाता है। गला दबाने वाला बच्चा दूसरे बच्चे को हराने के लिए उसका गला अपनी पूरी शक्ति से दबाता है ताकि वह जल्दी ही हार मान ले। दूसरी तरफ जिस बच्चे का गला दबाया जाता है वह बच्चा अपनी शक्ति से अधिक अपने गले पर ज़ोर का दबाव महसूस करने की कोशिश करता है। हर हालत में वह हारना नहीं चाहता। गला दबाने वाला बच्चा अपना दबाव बढ़ाता ही जाता है। एक सीमा के पश्चात गला घुटने से बच्चे की मौत भी हो सकती है

ना जाने ऐसे और कितने गेम या चैलेन्ज हैं जो बच्चों की ज़िन्दगी से खिलवाड़ कर रहे हैं। शायद अभिभावकों को यह ज्ञात ही नहीं होगा कि कहाँ से आते हैं ऐसे विडियो गेम।

ख़तरनाक विडियो आते कहाँ से हैं?

इंटरनेट को जितना हम समझते हैं वह उससे कहीं अधिक व्यापक है। इसमें बहुत सी ऐसी चीज़ें होती हैं जो अधिकांश लोगों से छिपी होती हैं और न ही हर कोई इन तक पहुँच सकता है। फिर वह ऐसी कौन सी साईट है जहाँ बच्चे पहुँच जाते हैं और ख़तरनाक गेम के चक्कर में फंस जाते हैं। आम लोग तो केवल फेस बुक, गूगल आदि को ही पहचानते हैं। इन विश्वसनीय साइट्स के अतिरिक्त भी इंटरनेट पर बहुत कुछ होता है। इंटरनेट के कोने में एक छोटा सा लिंक होता है जिसे डार्क नेट (Dark Net) या डीप वेब (Deep Web) से जाना जाता है। ये साईट आसानी से दिखाई नहीं देती बल्कि इंटरनेट पर छुपी हुई स्थिति में रहती हैं। इन साइट्स पर जाने के लिए एक विशेष प्रकार के सॉफ्टवेयर की आवश्यकता होती है जिसे TOR कहा जाता है। इस सॉफ्ट वेयर की सहायता से गेम संचालक बच्चों से वार्तालाप करते हैं जिसके लिए वे गैर कानूनी तरीकों का प्रयोग करते हैं और किसी की पकड़ में नहीं आते। आओ इन्हें समझने का प्रयास करते हैं।

डार्क वैब (Dark Web) क्या है

डार्क वैब एक ऐसे जाल का नाम है जिस में बहुत सारी वैब साइट्स का संग्रह होता है जिसकी लिपि गुप्त अर्थात encrypted होती है जिसे आम सर्च इंजन या पारम्परिक वैब

ब्राउज़र से नहीं खोला जा सकता। लगभग सभी साईट टोर (Tor) नामक सोफ्टवैयर की सहायता से अपनी पहचान छुपा कर रखती हैं। (Tor) की सहायता से वे न केवल अपनी पहचान और कुकर्मों को छुपाते हैं बल्कि इसका प्रयोग करने वालों की पहचान और उनके कर्मों को भी छुपा कर रखते हैं। टोर TOR सोफ्टवैयर की सहायता से लोग अपने रहने के स्थान का चकमा भी दे सकते हैं। वे अपने रहने के स्थान को किसी दूसरे देश में भी दिखा सकते हैं। इससे उनकी पहचान आसनी से छुप जाती है। ऐसा VPN यानि वर्चुअल प्राइवेट नेटवर्क के माध्यम से संभव होता है। VPN की सेवा प्रदान करने वाले लोग कंप्यूटर, फोन या टेबलेट से किए गए सम्वाद को गुप्त रखते हैं। ऐसा वे लोगों के वास्तविक IP address को बदल कर कोई काल्पनिक IP Addres प्रदान करके करते हैं। इस पर प्याज़ की भांति एक के उपर दूसरी और दूसरी के उपर तीसरी परतें जमा करते हैं। डार्क वैब साईट का प्रयोग तो कोई भी कर सकता है परन्तु यह पता लगाना कठिन होता ही कि उस वैब साईट को चला कौन रहा है। प्रयोग करने वाले की थोड़ी सी चूक से उसके सारे भेद सब को ज्ञात हो सकते हैं।

डार्क वैब अथवा डार्क नेट पर जाना तकनीकी तौर पर कोई कठिन कार्य नहीं है। सिर्फ TOR को इंस्टाल करना है और उसका उपयोग करना है। आपको बस TOR ब्राउज़र बंडल को डाउन लोड करना है जहाँ सभी आवश्क टूल उपलब्ध होते हैं। डाउन लोडेड फाइल को रन करने के पश्चात् आप जो भी देखना चाहते हैं उस का चुनाव कर सकते हैं। चुनाव करने के बाद फोल्डर पर क्लिक करने से TOR को प्रयोग करना आरंभ हो जाता है। डार्क web में जाने के बाद वह सभी साइट्स उपलब्ध हो जाती है आप जो चाहते हैं जैसे ड्रग्स, सेक्स, गन्स और भी बहुत कुछ।

डीप वेब (Deep Web) और भी ख़तरनाक होता है

डार्क वैब हो या डार्क नेट या फिर डीप वैब देखने में तो ये सब एक जैसी साइट्स लगती हैं और हैं भी एक जैसी परन्तु इनमें बहुत सूक्ष्म अंतर होता है। ड़ीप वैब एक ऐसी साईट है जिसके किसी भी वैब पेज को सर्च इंजन पर नहीं देखा जा सकता। डीप वैब में न केवल डार्क वैब शामिल होता है बल्कि इसमें डीप वैब का प्रयोग करने वाले लोगों की व्यक्तिगत जानकारी भी छुपी रहती है। सबसे बड़ी बात डीप वैब पर कार्य करने वालों को तो अपना कार्य दिखाई देता रहता है परन्तु यह सर्च इंजन पर दूसरों द्वारा केवल पासवर्ड से ही देखा जा सकता है अन्यथा यह किसी भी सर्च इंजन पर दिखाई नहीं देता।

इन साइट्स का उल्लेख अभिभावकों को जागरूक करने की दृष्टि से किया जा रहा है वरना इंटरनेट पर ऐसी बहुत सी अन्य सामग्री भी उपलब्ध हैं जो बच्चों के लिए बहुत

ख़तरनाक हो सकती हैं। एक दो नहीं बल्कि आज के जमाने में सभी बच्चों पर यौन शोषण, हिंसा, ड्रग्स, अपहरण का खतरा मंडराता रहता है। इसमें सभी आयु के बच्चे शामिल हैं। आयु के अनुसार बच्चों में भेद नहीं किया जा सकता। देखना यह होगा कि बच्चे इन खतरों का मुक़ाबला कैसे कर सकते हैं। प्रश्न यह भी है कि क्या सभी बच्चे अपने को सुरक्षित रखने में सक्षम हैं भी या नहीं। बच्चे तभी सुरक्षित होंगे जब माँ-बाप स्वयं टेक्नोलॉजी के सुरक्षित प्रयोग को समझ जाएंगे। अतः यह नितांत आवश्यक है की माँ-बाप कम से कम उस टेक्नोलॉजी को अच्छी तरह समझ लें जिससे उनके बच्चों की सुरक्षा हो सके।

माँ-बाप को सर्वप्रथम यह सुनिश्चित करना होगा कि उनके बच्चे जितना संभव हो सके कम से कम टेक्नोलॉजी का प्रयोग करें। डिजिटल संसार की तुलना में वास्तविक संसार को अधिक महत्त्व देने का प्रयास किया जाना चाहिए। इससे बच्चों को वास्तविक जीवन से अवगत कराने में सहायता प्राप्त होगी। उन्हें अपना महत्व और अपनी शक्ति का ज्ञान होगा। ऐसे स्थति में बच्चे टेक्नोलॉजी पर व्यर्थ समय न गवां कर और भिन्न भिन्न प्रकार के गेम न खेल कर इसका प्रयोग केवल अपने आवश्यक कार्यों के लिए करने के लिए प्रेरित होंगे।

कई माँ-बाप तो टेक्नोलॉजी के बारे में कुछ भी नहीं जानते। जिनके बच्चे टेक्नोलॉजी का प्रयोग करते हैं उन को कम से कम इसके बारे में थोड़ी बहुत जानकारी अवश्य प्राप्त करनी चाहिए ताकि उन्हें ज्ञात रहे बच्चे अपने स्मार्ट फोन पर कर क्या रहे हैं।

टेक्नोलॉजी के क्षेत्र में बच्चे माँ-बाप से आगे हैं

कुछ माँ-बाप को यह भी मालूम नहीं होता कि कंप्यूटर या लैप-टॉप चलता कैसे है, अप्प्स (Apps) कहते किसे हैं, वाई-फाई (WiFi) किस वस्तु का नाम है, यू-टयूब (You Tube) होता क्या है। ऐसे माँ-बाप को चाहिए कि टेक्नोलॉजी के बारे में कुछ सीखें और इतनी आवश्यक जानकारी अवश्य प्राप्त करलें जिससे वे बच्चों की हरकतों पर निगरानी रख सकें।

जब किसी बच्चे को खतरे का सामना करना पड़ता है तो वह भाग कर अपने माँ-बाप के पास जाता है। उसे ज्ञात है कि माँ-बाप ही उसे हर खतरे से बचा सकते हैं। माँ-बाप भी तभी बच्चों की सहायता कर सकते हैं जब उन्हें ख़तरे का मुक़ाबला करना आता हो। यदि माँ-बाप ही अज्ञान हैं तो वे बच्चों को खतरों से बचाएँगे कैसे? जिन माँ-बाप को इंटरनेट की अधिक जानकारी नहीं होती उनके बच्चे बिना किसी नियन्त्रण

के ऑनलाइन मनमानी करते रहते हैं। आजकल तो बच्चे हर जगह खतरे में रहते हैं चाहे वह ऑनलाइन हो या फिर ऑफ़लाइन हो।

यदि बच्चों को किसी भी खतरे से बचाना है तो माँ-बाप को उनका हिस्सा बनना पड़ेगा। उनकी इच्छा को पहचानना होगा। न केवल उनके माँ-बाप बनकर बल्कि उनके मित्र बनकर दोस्ती का फर्ज़ भी निभाना होगा। यदि माँ-बाप अपने बच्चों की सुरक्षा नहीं करेंगे तो कोई दूसरा व्यक्ति यह कार्य नहीं कर सकता। अतः माँ-बाप को इंटरनेट की आवश्यक जानकारी हासिल करनी होगी। आजकल बच्चों को फेसबुक (Facebook), व्हाट्स ऐप्प (WhatsApp), यू टयूब (You Tube), माई-स्पेस के सहारे अकेला नहीं छोड़ा जा सकता। बच्चों की कमांड माँ-बाप को सम्भालनी होगी।

वैसे भी बच्चे अब माँ-बाप से आगे बढ़ गए हैं। उनके लिए फेसबुक पर सोशल नेटवर्किंग अब पुराना मामला हो गया है। वे हर रोज़ एक ऐसी नई तकनीक को अपना लेते हैं जिसका ज्ञान माँ-बाप को भी नहीं होता। लेकिन माँ-बाप को घबराने की कोई आवश्यकता नहीं और न ही उन्हें सभी प्रकार की नई तकनीकों का ज्ञान प्राप्त करने की आवश्यकता है। उन्हें तो कुछ मुख्य-मुख्य तकनीकों पर ध्यान देना होगा, विशेषकर उन तकनीकों पर जो बच्चों के लिए खतरे का कारण बन सकती हैं। अपने बच्चों की आदतों को देखते हुए माँ-बाप को कुछ मूल भूत बातों का ध्यान रखना होगा।

कुछ वेब-साइट्स और ऐप्प्स (Websites और Apps) बच्चों में बहुत प्रचलित हैं। बच्चे हर समय इनका प्रयोग करते रहते हैं। अब बच्चे केवल फेसबुक (Facebook) पर ही नहीं चिपके रहते अब तो उनके पास इन्स्ताग्राम (Instagram), स्नैपचैट (Snapchat), व्हाट्स ऐप्प (WhatsApp), और ट्विटर (Twitter), जैसे अनेक साधन उपलब्ध हैं। जिन पर वे दिन रात चिपके रहते हैं। अतः यह जानना आवश्यक है कि इन साधनों पर बच्चे करते क्या हैं और क्या उन्हें इन पर कोई खतरा भी हो सकता है। कुछ वेब-साइट्स और ऐप्पस (Websites और Apps) का उल्लेख नीचे किया जा रहा है जो बच्चों में अधिक प्रचलित है। माँ-बाप को इनकी और इन जैसी अन्य साइट्स की जानकारी होनी चाहिए।

टेक्स्टिंग ऐप्पस (Texting Apps)

संदेश देना या प्राप्त करना। आजकल बहुत से ऐप्पस उपलब्ध हैं जिन पर बच्चे अपने संदेश निशुल्क भेज सकते हैं और प्राप्त कर सकते हैं। केवल संदेश ही नहीं इन पर बच्चे फोटो, विडियो और अटैचमेंट लिंक का भी अदान प्रदान कर सकते हैं। जब कोई सुविधा निशुल्क मिलती है तो बच्चे उसका प्रयोग करने से नहीं चूकते। यदि यह कार्य पढ़ाई

के लिए या ज्ञान वर्धन के लिए किया जाता है तो अति उत्तम अन्यथा ये हानिकारक भी हो सकते हैं।

सावधानी : अभिभावकों को ज्ञात होना चाहिए कि कुछ ऐप्पस केवल बड़े बच्चों के लिए ही उपयुक्त होते हैं क्योंकि इनमें GIF (Grafic Interchange Format) तथा Emojis में कुछ सामग्री केवल वयस्कों के लिए होती है जैसे नशे सम्बन्धी या यौन सम्बन्धी और कुछ अपराधिक गतिविधियों में लिप्त होते हैं। माना कि निशुल्क होने के कारण और असीमित लिमिट होने के कारण बच्चे इनका उपयोग अधिक करते हैं। यह सुविधा सभी को प्राप्त होती है अत: texting के मामले में बच्चे बहुत से अनजान लोगों के सम्पर्क में आ जाते हैं। बच्चों को यह ज्ञात नहीं हो पाता कि इन अनजान लोगों में कौन सा सम्पर्क कैसा है। अपराधी प्रवृती के लोग बच्चों से सम्पर्क बनाकर उनका नाजायज़ लाभ उठा सकते हैं। कुछ ऐप्पस पर विज्ञापनों के माध्यम से भी बच्चों को लुभाया जाता है। बच्चे आकर्षित होकर अनुचित या प्रतिबन्धित सामग्री भी खरीदने लगते हैं। नशे की सामग्री या यौन सम्बन्धी सामग्री खुले बाज़ार में आसानी से नहीं मिलती। ऑनलाइन इसे आसानी से खरीदा जा सकता है।

व्हाट्स ऐप्प (WhatsApp)

व्हाट्स ऐप्प (WhatsApp) कम्पनी ने इसका प्रयोग 13 वर्ष से कम आयु के बच्चों के लिए वर्जित किया है। इसका सीधा सा अर्थ है कि छोटे बच्चों को इसका प्रयोग नहीं करना चाहिए। इसका विशेष कारण यह है कि व्हाट्स ऐप्प पर अकाउंट खोलने के बाद बच्चे अपनी एड्रेस बुक Address book में उपलब्ध उन सभी लोगों के सम्पर्क में आ जाते हैं जो व्हाट्स ऐप्प का प्रयोग करते हैं। व्हाट्स ऐप्प के माध्यम से सभी लोग बिना सीमा के असीमित संदेश, टेक्स्ट, विडियो, ऑडियो, फोटो किसी एक या अनेक लोगों को भेज सकते हैं। यद्यपि इसका उपयोग बच्चे अपने व्हाट्स ऐप्प ग्रुप में ही कर सकते हैं फिर भी माँ-बाप को सावधान रहना होगा क्योंकि:–

» इसमें पासवर्ड (password) सेट करने की आवश्यकता नहीं होती। ग्रुप में शामिल किसी भी सदस्य के माध्यम से अपराधी लोग भी ग्रुप में शामिल होकर बच्चों से सम्पर्क बना सकते हैं, उनका फोन नम्बर ज्ञात करके अनुचित और ख़तरनाक संदेश भेज सकते हैं।

» बच्चों को व्हाट्स ऐप्प WhatsApp पर किसी भी प्रकार का ऐसा अनुचित संदेश, विडियो या फोटो प्राप्त हो सकता है जो बच्चों के विचारों को दूषित कर सकता है। फेसबुक Facebook, यू टयूब You Tube, और कुछ अन्य नेटवर्क

अनुचित या यौन सम्बन्धी फोटो, विडियो, ऑडियो को पोस्ट नहीं होने देते परन्तु व्हाट्स ऐप्प पर ऐसा कोई प्रतिबन्ध नहीं है।

» पासवर्ड न होना अथवा फोटो या विडियो पोस्ट करना इतना ख़तरनाक नहीं होता इससे भी ख़तरनाक बात यह है कि ऑनलाइन का प्रयोग करने वाले कुछ अपराधी प्रवृती के लोग एक विशेष प्रकार की grooming नामक तकनीक का प्रयोग करके बच्चों की पहचान और उनकी व्यक्तिगत जानकारी एकत्र कर लेते हैं। फिर ये लोग ऐसे बच्चों का चुनाव करते हैं जो आसानी से उनके अपराधों का शिकार बन सकते हों। आवश्यक जानकारी प्राप्त करने के पश्चात् ये लोग फेसबुक Facebook या किसी अन्य सुरक्षित नेटवर्क के माध्यम से चुने गए बच्चों के साथ सम्पर्क स्थापित करते हैं। उनसे दोस्ती बढ़ाते हैं, मित्रता गांठते हैं और फिर धीरे धीरे उनका विश्वास जीतते हैं। एक बार विश्वास जीत लिया तो उसके पश्चात् ये अपराधी लोग उन्हें प्राइवेट संदेश भेजने लगते हैं। ये प्राइवेट संदेश धीरे धीरे अनुचित और अपराधयुक्त हो जाते हैं। इस प्रकार व्हाट्स ऐप्प WhatsApp अपराधियों के लिए एक वरदान है क्योंकि इसके माध्यम से सूचना का अदान प्रदान बिना रोक टोक, बिना शुल्क असीमित रूप से किया जा सकता है। यहाँ तक कि प्रयोगकर्ता के स्थान का पता भी लगाया जा सकता है।

सावधानी

व्हाट्स ऐप्प (WhatsApp) से

» बच्चे अपरिचित लोगों के सम्पर्क में आ सकते हैं जिनमें से कुछ लोग अपराधी प्रवृती के हो सकते हैं।

» अनजान लोग बच्चों की प्रोफाइल को देख सकते हैं।

» कुछ संदेश अपराध या घोटालों सम्बन्धी भी हो सकते हैं।

» ड्रग्स और यौन सम्बन्धी जानकारी प्रदान कर सकते हैं।

कैमरा और विडियो

आजकल कोई ऐसा स्मार्टफोन नहीं है जिसमें कैमरे और विडियो की सुविधा न हो। इस सुविधा का लाभ तो बहुत होता है क्योंकि इसकी सहायता से लोगों को रचनात्मक

कार्य करने के अवसर प्रदान होते हैं। बड़े लोग तो इस सुविधा का रचनात्मक प्रयोग करते ही हैं परन्तु बच्चे तो बच्चे ही होते हैं। उनका जो मन करता है वे उसी कार्य को करने लगते हैं। अब बात करते हैं फोटो तथा विडियो भेजने और प्राप्त करने की। माना कि व्हाट्स ऐप्प WhatsApp एक बहुत प्रचलित माध्यम है परन्तु इसके अतरिक्त ऐसे अनेकों अनेक वेब-साईटस Web Sites और ऐप्पस बच्चों के लिए उपलब्ध हैं। जिनका प्रयोग वो खुल के करते हैं और माँ-बाप को उनकी हरकतों का ज्ञान भी नहीं हो पाता। उधारण के तौर पर निम्नलिखित साइट्स Sites पर ध्यान दें :-

इन्स्ताग्राम (Instagram)

फ्लिक्कर (Flickr)

गूगल फोटोज़ (Google Photos)

अमेज़न फोटोज़ (Amazon Photos)

स्नेप फिश (Snapfish)

शटरफलाई (Shutterfly)

इमगुर (Imgur)

500 पी एक्स (500px)

ड्राप बॉक्स (Dropbox)

लिस्ट तो बहुत लम्बी हो सकती है और सबको समझना कठिन होगा। फोटो, विडियो, टेक्स्ट शेयर करना आम बात है बच्चे बात-बात पर अपने घर से या खुद उनसे जुड़ी छोटी से छोटी जीज़ को भी झट से शेयर कर देते हैं। बच्चे तो इस कला में और भी निपुण होते हैं। मित्रों और परिवार के सदस्यों के साथ शेयर करना कोई बुरी बात नहीं है लेकिन इससे जुड़े खतरों को कम ही लोग जानते हैं विशेषकर फोटो शेयर करने के खतरों का ज्ञान कम लोगों को होता है। बच्चों की सुरक्षा के लिए माँ-बाप को कुछ आवश्यक बातों पर ध्यान देना होगा जैसे :-

फोटो का सार्वजनिक होना

किसी भी डिजिटल प्लेटफार्म पर एक बार फोटो शेयर कर देने के पश्चात् उस पर शेयर करने वाले का कोई नियन्त्रण नहीं रहता। इस फोटो को कोई भी कॉपी कर सकता है, टैग कर सकता है या फिर सेव कर सकता है। यह कौन कर रहा है इसका पता भी नहीं लगता। सोशल मीडिया की लगभग हर साईट पर कुछ नियम और शर्तें लिखी होती हैं। इन नियमों अथवा शर्तों को शायद ही कोई पड़ता होगा। इनमें से एक शर्त बहुत छोटे

अक्षरों अथवा छुपे रूप में लिखी होती है ताकि यह शर्त आसानी से न पढ़ी जा सके। शर्त है, "आपने हमारे सोशल मीडिया के प्लैटफार्म पर जो शेयर किया है आप उसका स्वामित्व, कॉपीराइट और सहमती का त्याग करते हैं।" इसका सीधा सा अर्थ यह है कि आप के द्वारा हमारे प्लेटफार्म पर शेयर की गई सामग्री का हम आपकी अनुमति लिए बिना मनचाहा उपयोग कर सकते हैं।

पहचान का सार्वजनिक होना

शर्तों के अनुसार शेयर की गई फोटो का नियन्त्रण तो भेजने वाला खो देता है साथ ही उस से सम्बन्धित बहुत सी निजी सूचना भी अनचाहे लोगों को प्राप्त हो जाती है जिसका दुरूपयोग हो सकता है। ऐसी सूचना एकत्र करने वाले लोग भले ही उसका प्रयोग तुरन्त न करें। इस प्रकार एकत्र सामग्री का प्रयोग काफी अधिक समय बीत जाने के पश्चात् भी हो सकता है।

डेटा कलेक्शन

आजकल डेटा कलेक्शन बहुत बड़ा व्यवसाय है। लोग प्रतिदिन हज़ारों डाटा पॉइंट बनाते रहते हैं विशेषकर बच्चों के बारे में। बच्चे कहाँ जाते हैं, किस से बात करते हैं, क्या बात करते हैं, वे क्या पढ़ते हैं, क्या लिखते हैं, वे क्या खरीदते हैं, क्या कहते हैं, क्या देखते हैं, स्कूल कब जाते हैं, कैसे जाते हैं, कब आते हैं कब सोते हैं कब जागते हैं। जीवन की कोई ऐसी गतिविधि नहीं जिस पर डेटा कलेक्टर की निगाह नहीं होती। किसी भी साईट पर शेयर की गई सूचना तुरन्त बहुत से लोगों के पास पहुँच जाती है जिसमें निजी व्यक्ति, मार्केटिंग करने वाले, वितीय संस्थान, सरकारी कार्यालय और अपराधी लोग आदि। यदि बच्चों सम्बन्धी सूचना अनजान लोगों तक पहुँच जाती है तो वे लोग बच्चों को हानि पहुँचा सकते हैं। कुछ लोग आपकी निजी जीवन सम्बन्धी सूचना एकत्र करके आपको भी परेशान कर सकते हैं।

लोगों की निगाह में अपनी निजी सूचना का शायद कोई महत्व न हो परन्तु उन्हें ज्ञात नहीं होगा कि उनके जीवन से जुडे निजी डेटा का व्यापार होता है। बाकायदा इसे ऊँचे दामों पर बेचा जाता है। खरीदार इस सूचना की सहायता से लोगों के प्रोफाइल बना लेते हैं कितने बनाते हैं न तो इसकी कोई सीमा है और न ही कोई नियन्त्रण। एक समाचार के अनुसार एक गर्भवती महिला को नवजात शिशु सम्बन्धी सामग्री बेचने का प्रयास किया गया हालाँकि उस महिला ने गर्भवती होने की सूचना अपने किसी रिश्तेदार

या जान-पहचान वालों को नहीं दी थी। अर्थात यह सूचना सोशल मीडिया से बिना महिला की अनुमति प्राप्त करके एकत्र कर ली गई थी और उसका उपयोग भी आरम्भ कर दिया था। इसी प्रकार जो भी डेटा किसी भी साईट से प्राप्त हो उसे एकत्र करके बेच दिया जाता है। खरीदने वाला उसका कुछ भी उपयोग कर सकता है क्योंकि शेयर करने वाले का डेटा शेयर करने के पश्चात् उस पर कोई नियन्त्रण नहीं रहता। बच्चे इस प्रकार अपराधी लोगों के शिकार आसानी से बन जाते हैं।

डेटा की चोरी

जब अपराधी लोग अपने वितीय लाभ के लिए किसी की व्यक्तिगत सूचना नियमों के विरुद्ध एकत्र करते हैं और उसका प्रयोग करते हैं तो इसे डेटा चोरी कहा जाता है। यह चोरी किसी की सोशल सिक्योरिटी की हो सकती है, बैंक में अकाउंट खोलने या फिर बैंक अकाउंट को हैक करने के लिए भी हो सकती है। किसी की पहचान को चोरी करने के परिणाम खरतनाक हो सकते हैं और इसके विभिन्न स्वरूप हो सकते हैं। आजकल हर व्यक्ति की व्यक्तिगत सूचना इलेक्ट्रोनिक सिस्टम में आवश्यकता से अधिक स्टोर होती है। इसी कारण एक के बाद एक अपराध दिनों दिन बढ़ते जाते हैं। और ये अपराध बच्चों के मामलो में कुछ अधिक ही हो रहे हैं। आजकल तो स्कूलों के फार्मों में भी ऐसी सूचना मांगी जाती है जो न केवल व्यक्तिगत होती है बल्कि सम्वेदनशील भी होती है। माँ-बाप को मालूम नहीं पड़ता कि स्कूल के अतरिक्त यह सूचना किस प्रकार अपराधी लोगों द्वारा एकत्र कर ली जाती है और फिर अपराध के लिए प्रयोग की जाती है। बच्चों के लिए सबसे भयानक खतरा होता है उनका अपहरण। ऑनलाइन तो बच्चों का डिजिटल अपहरण भी हो जाता है।

डिजिटल अपहरण (Digital Kidnaping)

बच्चों का रिकार्ड स्कूल में होता है, रिश्तेदारों की साईट पर होता है, माँ-बाप बच्चों सम्बन्धी सूचना प्राय शेयर करते रहते हैं। बच्चों के अपने अकाउंट में भी उनकी सूचना उपलब्ध रहती है। यही सब ऐसी साईट हैं जहाँ से अपराधी बच्चों से सम्बन्धित सूचना की चोरी कर लेते हैं। बच्चों से सम्बन्धित सूचना या उनके फोटो चोरी करने वाले इस सूचना या फोटो को उत्पादक कम्पनियों या विज्ञापन कम्पनियों को बेच देते हैं। इसके बाद बच्चों से सम्बन्धित सूचना या फोटो का उपयोग खरीदने वाले अपने लाभ के लिए करने लगते हैं। माँ-बाप या फिर खुद बच्चों को पता ही नहीं चलता कि उनकी

फोटो का प्रयोग कौन कर रहा है और कैसे कर रहा है। इसमें फोटो चोरी करने वाले या चोरी की गई फोटो को खरीदने वाले बच्चों की फोटो को अपने बच्चे की फोटो के रूप में विभिन्न वेब साईट पर पोस्ट कर देते हैं। किसी और के बच्चे को ये लोग अपना बच्चा बताते हैं। इस प्रकार बच्चों का डिजिटल अपहरण हो जाता है। एक दिन मिस्टर गोयल खाली समय में अपने स्मार्टफोन पर कुछ समय बिताने के लिए सर्च कर रहे थे। अचानक उनकी नजर एक फोटो पर गई। अरे ये तो मेरी बेटी परी की फोटो है। वह हैरान हो गए उनकी बेटी परी की फोटो किसी अनजान साईट पर किसी ने पोस्ट कर दी थी? अधिक जानकारी के लिए उन्होंने परी की प्रोफाइल को जांचा तो पाया कि उनकी बेटी को जैक्सन नाम का व्यक्ति अपनी बेटी बता रहा था और उसकी फोटो को विज्ञापन के लिए बेचने का प्रस्ताव कर रहा था। अधिक धन मिलने पर परी के फोटो यौन सम्बन्धी विज्ञापन के लिए भी देने को तैयार था। मिस्टर गोयल की रातों की नींद हराम हो गई। पता नहीं उसकी बेटी की फोटो का ग़लत प्रयोग कौन कर रहा है और उसका इरादा क्या है और वह आगे करेगा क्या?

इतना ही नहीं चोरी की फोटो से बच्चों का नकली नामकरण करके उनके नकली नाम से नकली अकाउंट भी खोल दिए जाते हैं। उस पर फिर लोगों की टिप्पणियाँ मांगी जाती हैं और न जाने क्या क्या किया जाता है। कुछ अपराधी तो अपना एक नकली परिवार बनाकर बच्चों को गोद देने का प्रस्ताव भी रख देते हैं। बच्चे कभी कभी उतेजना में आकर ऐसा कुछ पोस्ट कर देते हैं जो उनके लिए ख़तरनाक हो सकता है। इन्टरनेट पर की गई हर गतिविधि का एक रिकार्ड बन जाता है जिसमें वह सब जानकारी होती है जो इंटरनेट पर शेयर की जाती है। कम ही लोगों को ज्ञात होगा कि इंटरनेट पर की गई उनकी हर गतिविधि को अनजान लोग देख सकते हैं, उसका प्रयोग भी कर सकते हैं। डिजिटल भाषा में इसे फूटप्रिन्ट (Footprint) कहा जाता है। फूटप्रिंट का अर्थ है पद चिन्ह। अर्थात अनजान लोग इंटरनेट पर की गई गतिविधियों के पद चिन्ह पहचान कर उस व्यक्ति से सम्बन्धित हर प्रकार की जानकारी प्राप्त कर सकते हैं जो वह इंटरनेट का प्रयोग करता है। फूट प्रिन्ट होता क्या है?

डिजिटल फूटप्रिन्ट (Digital Footprint)

बच्चों द्वारा इंटरनेट पर की गई गतिविधियों के निशान अर्थात पद चिन्ह बन जाते है जैसे ई-मेल का प्रयोग, रजिस्ट्रेशन, अटैचमेंट, अपलोडिंग विडियो या फोटो या किसी अन्य प्रकार की सूचना का अदान प्रदान करते समय इंटरनेट पर ऐसे निशान छोड़ देते हैं जिससे बच्चों की व्यक्तिगत जानकारी इंटरनेट पर उपलब्ध हो जाती है।

इंटरनेट पर बच्चे कुछ भी करें अपने पीछे कोई न कोई निशान अवश्य छोड़ देते हैं जिसकी सहायता से अनजान लोग बच्चों से सम्बन्धी जानकारी एकत्र कर लेते हैं। कुछ जानकारी ऐसे होती है जो बच्चों द्वारा स्वयं दी जाती है इसे एक्टिव डेटा कहते हैं जैसे फेसबुक Facebook, ट्विटर Twitter, ब्लॉग पोस्ट Blog Post, सोशल मीडिया नेटवर्क Social Media Network, अपलोडिंग विडियो Uploading Video, फोटो Photo, ईमेल Email, फोनकाल Phone Call, और चैट Chat, आदि। इसके अतिरिक्त कुछ जानकारी दूसरे लोगों द्वारा भी प्रदान की जाती है। ये लोग बच्चों की जानकारी का प्रयोग करते हुए इंटरनेट का प्रयोग करते हैं। या फिर बच्चे अनजाने में अपनी जानकरी का प्रयोग कर लेते हैं। सभी प्रकार की जानकरी का एक स्थाई रिकार्ड बन जाता है। एक बार यह रिकार्ड पब्लिक में पोस्ट हो गया तो इस पर प्रयोग कर्ता का कोई नियन्त्रण नहीं रहता। अगर अनजान लोग भी इसका प्रयोग करें तो उनको रोका नहीं जा सकता।

कहने का अर्थ यह है कि इंटरनेट पर कुछ भी किया जाए उसकी जानकारी रिकार्ड हो जाती है जिसका प्रयोग जानकारी देने वाले की अनुमति के बिना भी किया जा सकता है। डिजिटल फुटप्रिंट एक स्थायी जानकारी होती है जिसे मिटाया या डिलीट नहीं किया जा सकता। इस जानकारी से पता लगता है कि आप कौन हैं, कहाँ रहते हैं, क्या करते हैं, आपका पता क्या है, फोन नम्बर क्या है आदि आदि। अगर इंटरनेट का प्रयोग करना है तो इसका सामना भी करना होगा और अपना बचाव भी करना होगा। बच्चों की सुरक्षा के लिए माँ-बाप के पास निम्नलिखित जानकारी होना आवश्यक है:–

डिजिटल फूटप्रिंट होता क्या है :

हमारे वे सारे काम जो हम इंटरनेट पर करते है जैसे सोशल मीडिया पर टिप्पणी करना, स्काईपी पर बात करना, ऐप्प्स का प्रयोग करना, या फिर ई-मेल करना। यह सब ऑनलाइन पर रिकार्ड हो जाता है और संभवतय अन्य लोगों की पहुँच में जा सकता है या फिर दूसरे लोगों द्वारा डेटाबेस में एकत्र किया जा सकता है

फूट प्रिन्ट छूटते कैसे हैं :

जैसे इंटरनेट प्रयोग करने के बहुत से तरीके हैं वैसे ही फुटप्रिंट छूटने के भी अनेक तरीके हो सकते हैं। सभी तरीकों का उल्लेख तो नहीं किया जा सकता परन्तु कुछ आवश्यक तरीके नीचे बताए गए हैं:

ऑनलाइन शोपिंग और वैब-साईट :

जब किसी वैब साईट पर सर्च करते हैं या ऑनलाइन शोपिंग करते हैं तो विक्रेता और समान बनाने वाली कम्पनियाँ प्रयोग कर्ता के सिस्टम पर कुछ कूकीज़ (cookies) छोड़ देते हैं जिनकी सहायता से वे प्रयोगकर्ता की हर गतिविधि का हिसाब रख लेती हैं।

सोशल मीडिया :

सोशल मीडिया पर की गई हर गतिविधि के रिकार्ड का हिसाब रखा जाता है। प्राइवेट सेटिंग भी सुरक्षित नहीं होती। कुछ सोशल साइट्स प्राइवेसी की नई पालिसी या सेटिंग बताती रहती हैं जिनकी सहायता से वे प्रयोग कर्ता से सम्बन्धी सारी जानकारी प्राप्त कर लेती हैं।

मोबाइल फोन, टेबलेट्स या लैपटॉप :

भिन्न भिन्न वेब साइट्स पर कुछ न कुछ करते रहते हैं, आप किस किस साईट पर गए और वहाँ क्या किया इसकी सूची बन जाती है जिसका प्रयोग वैब साईट वाले अपनी इच्छा से कर सकते हैं। हो सकता है वो कोई हानी न पहुंचाए परन्तु उनके द्वारा प्रयोग कर्ता की गुप्त जानकारी तो प्राप्त की जा सकती है।

TOP 10 FICTION

» 1984 by George Orwell
   Fiction/Classics, ISBN: 9789380914947

» Animal Farm by George Orwell
   Fiction/Classics, ISBN: 9789380914701

» Children's Classic Stories by Aniesha Brahma
   Children's Fiction, ISBN: 9788193545812

» Gitanjali by Rabindranath Tagore
   Fiction/Poetry, ISBN: 9789380914886

» Love Happens only Once by Rochak Bhatnagar
   Fiction/Romance, ISBN: 9789380914183

» Mansarover 1 (Hindi) by Munshi Premchand
   Fiction/Short Stories, ISBN: 9789380914978

» Siddhartha by Hermann Hesse
   Fiction/Classics, ISBN: 9789380914145

» Tales from India by Rudyard Kipling
   Fiction/Short Stories, ISBN: 9789380914411

» The Girl I Last Loved by Smita Kaushik
   Fiction/Romance, ISBN: 9789380914244

» The Light of Asia by Sir Edwin Arnold
   Religion/Buddhism, ISBN: 9789380914923

TOP 10 NON-FICTION

» Great Speeches of Abraham Lincoln
  History/General, ISBN: 9789380914336

» How to Stop Worrying and Start Living by Dale Carnegie
  Self-Help/Personal, ISBN: 9789380914817

» How to Win Friends and Influence People by Dale Carnegie
  Self-Help/Success, ISBN: 9788180320217

» Know Your Worth by NK Sondhi & Vibha Malhotra
  Self-Help/Success, ISBN: 9788180320231

» Relativity by Albert Einstein
  Science/Physics, ISBN: 9789380914220

» Student's Encyclopedia of General Knowledge
  Children's Books/GK, ISBN: 9789380914190

» The Autobiography of a Yogi by Paramahansa Yogananda
  Biography/General, ISBN: 9789380914602

» The Diary of a Young Girl by Anne Frank
  Autobiographies/Memoirs, ISBN: 9789380914312

» The Law of Success by Napoleon Hill
  Self-Help/Success, ISBN: 9788180320927

» The Power of Your Subconscious Mind by Joseph Murphy
  Self-Help/Success, ISBN: 9788180320958

www.ingramcontent.com/pod-product-compliance
Lightning Source LLC
LaVergne TN
LVHW041255080426
835510LV00009B/742
* 9 7 8 9 3 8 7 6 6 9 8 9 5 *